Originalausgabe

© *by Mathias Bellmann. Das Werk einschließlich aller Inhalte ist*
urheberrechtlich geschützt. Alle Rechte vorbehalten.

Verlag: BoD · Books on Demand GmbH, In de Tarpen 42,
22848 Norderstedt, bod@bod.de

Druck: Libri Plureos GmbH, Friedensallee 273, 22763 Hamburg

ISBN: 978-3-7693-5615-1

Buddhas Lyrik

„Kein Unrecht tun und immer nach
dem Guten trachten,
Sein Denken reinigen: Dies lehren
die Erwachten"

Vers aus dem Dhammapada

Westland

Roter Amitabha.
Glorreicher Buddha.
Segen alter Frauen.
Herz junger Mädchen.

Dein Leben als Bodhisattva
Erzeugte heiliges Karma
Und das Tor nach Sukhavati
Im westlichen Himmel.

Roter Amitabha.
Heiliger Wegweiser
Und Befreier im finalen Moment
Auf dem Todesbett.

Dein Leben als Bodhisattva
Säte die Samen für den Pfad
Ins reine Land,
Wo alle Verblendung gebannt.

Roter Amitabha.
Herr der Milliarden Gebete.
Roter Amitabha
Öffne mir bitte die Tore.

Lila Lotos

Der Spross
Des Lotos.

Lotos geboren.
Auserkoren.

Schlamm
Im Wasser.

Junger Trieb
Sprießt.

Erhebt sich
Und strahlt.

Den Schlamm
Verwandelt.

Strahlender Lotos
Überm Weltenteich.

Über Raum und Zeit

Alle Welt ausblenden
Und sich an Buddha wenden,
Das ist mein Pfad.

Ja, er saß
Vor zweitausend Jahren
Und erwachte.

Als er erwachte,
Ging er über Raum
Und Zeit hinaus.

Etwas das ewiger
Ist als alle Ewigkeit.
Etwas das absoluter
Ist als die Totalität.

Deshalb weiß ich,
Hört er mich, sieht er mich,
Spürt er mich und lindert
Mit dem Balsam des Dharma
Meine Wunden und kühlt
Mein ängstliches Herz mit Mitgefühl.

Überwinden

Schmerz
Ist ein Lehrer.
Sorgen bringen
Weise Erkenntnisse.
Probleme
Lehren uns etwas.
Angst ist
Der große Lehrmeister.

Wir lernen, dass wir
In Samsara leiden werden
Und solange wir nicht alles tun,
Um ins Nirwana zu kommen,
Solange werden wir ein Spielball
Des Schmerzes, der Sorgen, der Probleme
Und der Ängste sein.

Freiheit wartet auf uns und
Wir sind gesegnet, denn unser Buddha
Lebte uns die Wahrheit vor, dass ein Leben
Ohne sinnlose Schmerzen, Sorgen, Probleme
Und Ängste möglich ist.

Schöne Frauen

Flecken,
Die mich knechten.
Prägungen
Nach mehr Sex zu streben.

Zu viel ist nie
Das Lebensziel.

Der Nimmersatt
Erschafft den Hass
Und die Gier, die nie
Befriedigt ist.

Ich habe genug
Und nur das zählt.
Will ich mehr, werde ich mehr
Leid anziehen.

Mein Wesen
Ist geprägt und verzehrt
Sich nach mehr von den Dingen,
Von denen es glaubt,
Dass sie fehlen, aber diese Illusion
Ist der Strom, der uns von Leben
Zu Leben trägt.

Magische Beschützerinnen

Einen Moment tanzte ich
Im Land der Dakini,
Während in der echten Welt
Mein Leben zerbrach.

Im Reigen mit den heiligen
Und weisen Weibern Tibets.
Weisheit ist die weibliche
Seite von Buddhas Lehre.

Ferne Himmelstänzerin
Zerstöre den Irrsinn mit
Deinen Weisheitswaffen!
Tanz am Himmelszelt
Und erleuchte die Welt
Mit dem Licht des Dharma.
Reinige unser Karma
Und ergreife unsere Hände
Zur erwachten Wende.

Parasamgate

Ein Gefühl,
Das mich bis zum
Gipfel führt.

Am Ende
Bleibt auch das tiefste
Gefühl ein Relikt
Der samsarischen Welt.

Solange du ergreifst
Etwasheit, solange wirst du
Reisen in den Reichen
Des samsarischen Kreises.

Ein Gefühl,
Das du als Ich begreifst,
Speist dein Karmakonto
Mit Kalpas voller Leid.
Solange du es ergreifst,
Wirst du leiden.

Lass los.
Fahre mit dem Floß
Ans andere Ufer.

Buddha Worte

Tränen verwehen
Im unendlichen Reigen
Der Wiedergeburt.

Wir kreisen
Auf viele Weisen
Und kommen immer wieder
Zu dem Punkt, dass es keinen
Ausweg gibt.

Er lehrte von dem Pfad,
Der ungeboren und unerschaffen ist
Und immer da war, aber verborgen
Unter Staub und Geröll lag.

Kein Band zwischen uns Menschen
Und Kassapa außer dem Buddha.
Kein Weg zur höchsten Blüte
Der Erleuchtung außer Buddhas Güte.
Kein Pfad zum Erwachen, bevor er
Uns ihn nicht zeigte.
Seitdem ist alles anders,
Neu, trotzdem nur geträumt.

Kahler Gipfel

Idylle der Stille
Und die Fülle
Grenzenloser Leere.

Eine Blume,
Die mehr erzählte
Als Millionen Worte.

Ein Garten
Geometrischer Geraden
Erschafft den perfekten Kreis.

Braune Kissen,
Auf denen leere Männer
Eisern sitzen.

Zwischen Wintern
Und dem Wunder
Der Kirschblüten.

Die größte Welt

Vergiss das Geld,
Es gibt eine höhere Welt.
Vergiss den Ruhm,
Es gibt mehr zu erlangen.

Konzentriere dich
Auf das Höchste.
Werde zu einer Insel
Im Ozean des Materialismus.

Äußerlichkeiten erscheinen,
Aber sie sind ein Trugbild.
Dunkel ist das Innere,
Solange du nicht meditierst.

Aber wenn du
Die spirituelle Reise beginnst,
Wirst du in dir eine
Gigantisch große Welt finden.

Unser Inneres ist größer
Als das Universum und
In unserm Innersten ruht
Der Samen unseres Buddhas.

Der Schutzschild

Zuflucht nehmen
Und nicht zurücksehen.

Buddhas Schutzschild
Stoppt das Feindbild.

Buddhas Schutzschirm
Beschützt unser Hirn.

Zuflucht ist die Wahl
Gegen sinnlose Qual.

Zuflucht ist der Weg,
Der aus dem Leiden führt.

Zuflucht nehmen vereint,
Wo Leid alles zerteilt.

Glaube an Buddha, Dharma
Und Sangha und reinige
Dein kleines, feines Karma.

Heilende Worte

Wenn Tod und Not
Und Geiz und Neid
Und Gier und Krieg
Die Welt peinigen;
Was kann uns retten?

Es sind die Worte des Buddhas.
Es ist die Lehre der Erwachten.

In Buddhas Worten lebt
Die Wahrheit über den Weg,
Der uns aus der Dunkelheit führt.

In Buddhas Lehre wartet
Das Wissen, wie man startet,
Um die Welt zu heilen.

Heilige Worte
In den alten Texten.

Verborgene Weisheit,
Die darauf wartet,
Entdeckt zu werden.

Leerer Strudel

Du bist geboren,
Um zu sterben.

Deine Jugend ist verdammt
Zu altern.

Niemals kannst du
Der Krankheit entfliehen.

Das ist die Welt.
Das ist das Gesetz Samsaras.

Aber einer saß
In dreifacher Nachtwache

Und er hat all das
Unwahr gemacht.

Er verlosch und lebte fort,
Befreit in Nirvana.

Wirre Irren

Nimmermehr
Wiedergeboren
Noch weniger
Jemals geboren

Alles endet
Nichts begann
Kein Pfad
Kein Kreisen mehr

Leer und mehr
Als das Weltenmeer
Frei von Leid
Weit gereist

Immerzu blutend
Am Boden
Tiefer Fall
Fernes Himmelreich

Schaue tief
Und steige auf
Gipfel der Welt
Wendepunkt

Kein Ziel
Bringt Ewigkeit
Nirvana befreit
Vom endlosen Kreisen

Weise Kreise

Ihre Tore brennen.
Geboren als Menschen
Verschwenden sie ihr Karma
Und lassen sich vom Strudel
Auf die niederen Ebenen ziehen.

Karma ist keine Meinung.
Karma ist das Gesetz
Aller sterblichen Wesen.

Sprich nicht über Karma,
Solange du kein Buddha bist
Und er war eindeutig:
Wer Gutes sät, wird Gutes ernten.
Hinab führt der Pfad für alle,
Deren gutes Karma aufgebraucht.

Säe. Dünge. Ernte.
Finde dich im fremden Spiegelbild
In einer Welt nach diesem Leben.
Lache oder weine, aber begreife,
Endlos kreist, solange du dich nicht
Von allem Karma befreist.

Ehrende Leere

Die Ehre der Leere.
Nirvanas Schatz.

Ein Ziel,
Das nur ziellos
Zu erreichen ist.

Ein Kind,
Golden und rein
In seinem letzten Lauf.

Ein alter Mann,
Der weinend dieses Sprosses
Wahrheit geschaut.

Eine Geschichte
Gehört von
Milliarden Ohren.

Die hehre Lehre
Leerend geschehe
Mit den Gaben Nirvanas.

Der bessere Weg

Eine Lektion gelernt
Nach dem tiefen Fall
Und dem brennenden Schmerz.

Wir können aus Schmerzen
Lernen und zu echten Werten
Gelangen oder wir gehen
Einen anderen Weg.

Denn wer die Weisheit erwirbt,
Zu sehen, bevor es geschieht,
Lernt genauso viel, nur ohne
Die Schmerzen zu erleben.

Es ist der Weg der Weisheit.
Es ist die Methode des Verstehens.
Es ist das Gesetz der Erkenntnis.

So lässt sich glücklich leben,
Ohne Schmerzen zu erleben.
So werden wir frei
Von Angst und Leid.

Tiefer Fall

Endloser Fall.
Bodenlos.
Das ist das Los
Jener fünf Verbrechen.

Mutter und Vater
Unter blutiger Klinge
Vergraben im Matsch,
Irrglaube es gibt keine Strafe
Für diese Verbrechen, aber Karma kam.

Heilige Arhats erstochen
Und gemeuchelt. Ungläubig
Gesehen und nicht verstanden
Und gefallen in tiefste Dunkelheit,
Gequält von endlosen Schmerzen.

Vergossen das Blut der Buddhas
Und geteilt die Sangha. Endlose Qual
Bringt das Karma dieser Taten.

Der Hafen Buddhas

Ein Leben für den Dharma
Mit reinem Karma.
Ein Leben im Dienst
Für die Wesen.

Mit vollem Herzen
Folgen wir Buddhas Werten.
Er ist unser Kompass
Heraus aus allem Hass.

Mit reiner Liebe
Lösen wir die Triebe
Von stumpfer Gier
Und fühlen rein alles Sein.

Tiefes Verstehen
Des wahren, leeren Wesens
Lässt uns den Wandel
Der Welt vorhersehen.

Ein Leben für den Dharma
In den Reihen unserer Sangha.
Mit frischem Lächeln
Lösen wir die weltlichen Fesseln
Und lernen, zu erwachen.

Formlose Welt

Kein Geiz an Reizen.
Reizüberflutung macht stumpf
Und das Herz taub.

Zu viel macht uns weniger.
Zu groß ist klein.
Alles haben wollen,
Bedeutet nichts zu kriegen.

Tausend Hochzeiten.
Ewig allein.
Millionen Klamotten.
Nichts anzuziehen.

Mit der Erkenntnis
Wird weniger mehr.
Mit mehr Weisheit
Heilt die Sehnsucht
Nach Sinnesreizen.

Der Pfad ist acht.
Das Leben leer.
Samen kamen.
Früchte der Befreiung
Züchten.

Sotapanna

Countdown.
Spiritueller Stauraum.

Riesiges Depot.
Karmagebot.

Überangebot.
Buddhas Lohn.

Einfach meditieren.
Mental massieren.

Sonderverkauf.
Dharmas Braut.

Wichtige E-Mail.
Sangha-Klientel.

Finaler Sale.
Stromeintritt.

Anicca

Herzlich vergeht
Schmerzlich der Moment
Reinen Glücks

Nichts hält
Das heilige Gesicht
Im Licht

Vergehen ist
Das ewige Werden
Der Wahrheit

Freude wird
Säumig und Reue
Erdolcht sich

Was fließt
Genießt die Realität
Wie sie ist

Freies Tibet

China wollte
Den tibetischen Buddhismus
Auslöschen.
Der Kommunismus
Will allen Dharma
Zerstören.

Sie haben
Dutzende Millionen
Ermordet.
Sie sind die
Größte Kolonialmacht
Der Erde.

Ihre Fahne ist
Rot wie Blut.
In Blut getaucht
Ist ihre Mordlust.
Wenn wir sie nicht
Mit Weisheit stoppen,
Werden sie die ganze
Welt mit Terror
Überziehen.

Atemzüge

Einatmen. Ausatmen.
Die Ketten quälender
Erinnerungen sprengen.

Einatmen. Ausatmen.
Sich selbst bewusst werden
Und innerlich heilen.

Einatmen. Ausatmen.
Mit jedem Atemzug
Samen der Weisheit säen.

Einatmen. Ausatmen.
Innerlich in den Schritten
Der Erwachten wandeln.

Einatmen. Ausatmen.
Die eigene Sensibilität und
Verletzlichkeit spüren.

Einatmen. Ausatmen.
Jeder Atemzug ist ein Baustein
Für die eigene Befreiung.

Jeder Moment zählt

Ein Moment der Schwäche
Und du liegst an der Kette
Von zehn weiteren Leben,
In denen dich Entbehren,
Hass und Gewalt erwarten.

Milliardenfach in vielen Existenzen
Musstest du gegen die Folgen kämpfen,
Weil du unachtsam warst,
Verfolgt dich die Qual.

Begreife die vielen Leben,
Die hinter dir liegen.
So ist das Buddha Wort
Und somit der Wahrheit Ort.

Du bist im Fall,
Wenn dich die Sinne krallen.
Du wirst Schmerzen ertragen,
Wenn du es jetzt vermasselst.

Ein Moment der Schwäche
Und die Sinne werden dich brechen.
Einen Moment unachtsam und
Du fährst weiter Samsaras Achterbahn
Rauf und runter.

H.

Alle die wir lieben,
Werden gehen.
Wir werden uns wiedersehen,
Aber nicht erkennen.

Neue Gewänder. Neue Egos.
Verlorene Erinnerungen.
Aber Karma bindet
Und findet sich jenseits der Sinne.

Auch sie werde ich wiedersehen
In einem späteren Leben.
Bis dahin muss ich trainieren,
Um zum Buddha zu werden,
Und ihnen dann den Pfad lehren.

Nur das ist der Weg, solange wir
Gewöhnliche Verblendete sind.
Nur so kann ich sie retten
In Nirvanas sicheren Betten.
Nur so endet ihr Leiden
Und wird kein Narziss wieder erscheinen.
Nur so stelle ich sicher,
Dass sie für immer glücklich sind.

Nicht inhärent

Fünf Skandhas
Sind das wahre Selbst,
Aber das Ich ist nur ein Titel,
Der in Wahrheit nicht existiert.

Fühlen und wahrnehmen.
Körperliches und gedankliches
Und das Bewusstsein.

Fünf Ströme formen
Alle menschlichen Normen.
Fünffach gemacht
Und nicht einfach eins sein.

Ich ist und ist
Doch nicht inhärent.
Ich ist und doch
Nur eine Zuschreibung.

Verwechselst du dein wahres Selbst
Mit dem, was du für dein Selbst hältst,
Erzeugst du Leid.

Leidenschaft

Alle warten auf etwas,
Ohne sich selbst
In den Hintern zu treten
Und loszulegen.

Halbherzig erreicht keiner
Nirwana und erwacht
Aus der dunklen Leidensnacht.

Auch wenn Leidenschaft versiegt,
So ist hemmungslose Leidenschaft
Der Weg zum Nirwana.

Nein, keine Leidenschaft
Auf die Sinne der Weltlichkeit.
Nur reine Leidenschaft
Auf die Buddhaschaft.

Warte nicht länger.
Vertrödel keine Sekunde.
In dir wartet dein Buddha
Darauf zu erwachen.

Wahre Liebe

Liebe geht tiefer
Als Penis und Vagina.
Wer das nicht versteht,
Hat noch nie geliebt.

Wahre Liebe entspringt
Den göttlichen Gefilden.
Sie fließt reiner als alles
Andere in der Welt.

Vierfache Liebe
Gewahrt die Lehre
Des Buddha und sie ist
Ein heilsamer Kutter.

Wer sich liebt, der heilt.
Wer sich lieben lässt,
Heilt die Welt von
Tödlicher Einsamkeit.

Glaubt nicht länger,
Dass wahre Liebe fickt.
Glaubt an die höhere Welt
Und der Liebe reinigende Kraft.

Unheimlich

Am Ende einer dunklen Straße
Steht ein Mann im Licht der Laterne.
Sein Gesicht ist nicht zu erkennen,
Denn das Licht der Laterne hüllt ihn ein.

Du näherst dich ihm und
Spürst, wie Angst in dir aufsteigt.
Etwas an ihm ist anders,
Aber du kannst nicht sagen was.

Dann bist du nah und fast da.
Seine dunklen Augen funkeln dich an.
Der dunkle Mann tritt einen Schritt vor
Und du erkennst das Gesicht.

Es sind deine Augen, die dich
Anstarren, die kleine Narbe verrät
Ihre Authentizität. Dieser Mann bist
Du; doch wer sieht dich?

Wie ein Magnet wirst du angezogen.
Du kannst dich nicht gegen den Sog wehren.
Plötzlich streckst du deine Hand aus
Und ihr verschmelzt.

Immer weiter zieht dich das Dunkle
Hinein, immer mehr eurer Gliedmaßen
Vereinen sich und mit ihnen kommt der
Schmerz und ein Wort: Karma.

Schuldig!

Nennt mich feige,
Weil ich weglaufe
Und Zuflucht nehme.

Nennt uns feige,
Weil wir weglaufen
Und Zuflucht nehmen.

Vielleicht sind wir feige
Oder wir sind es einfach leid,
Zu leiden und wollen uns
Durch unsere Zuflucht befreien.

Ja, ich laufe, ich renne, ich jogge
Und sprinte vor dem Leid davon.
Dasselbe mache ich mit meinen Sorgen,
Ängsten und Problemen.

Ich bekenne mich schuldig,
Vor dem Leid zu fliehen.
Ich bekenne mich schuldig,
Dass ich mich dem Leid
Durch Zuflucht zu Buddha entzieh.

Einzigartigkeit

Was sonst könnte mich retten
Außer der Lehre des Buddha?

Ich fand nichts.
Findest du etwas?
Ich glaube nicht;
Nur der Buddha hat wahr gemacht,
Wovon alle Weisen träumen.

So wurde er der Weiseste
Unter den Weisen aller Zeiten.

Seine Wahrheit
Durchdringt alle Dunkelheit.
Die Freiheit des Dharma
Heilt alles Leid.
Das allein ist des Buddhas Gabe,
Die ich will erreichen.

Nur im Dharma fand
Ich eine Wahrheit mit der Macht,
Mich und die Welt zu retten.

Der eine Tag

Kein Sein
Und kein Nicht-Sein.
Was Buddha ist,
Frage nicht.

Zugleich höre,
Wie Störungen
Am Tag deiner Buddhaschaft
Für immer enden.

Auf dem Pfad
Wartet Erwachen.
An einem fernen Tag
Wird es wahr.

Lebe einfach
Achtfach.
Gebe deine ganze
Herzenskraft.

Erwarte nicht
Das Licht.
Lebe einfach glücklich,
Bis es dich erreicht.

Gewitterfront

Ich traf meine Wahl
Und sie hieß Buddha.
Dharma beendet die Qual.
Es ist mein Kutter
Und bringt mich
Zu Nirwanas Licht.

An der Kreuzung des Lebens
Wählte ich den Buddha.
Er lehrte mich das Geben
Und zeigte mir das Wunder,
Wie Glück aus echtem
Mitgefühl entsteht.

In der dunkelsten Stunde
Verstand ich Nirvana.
Ich habe gefunden,
Was höher ist als Karma
Und selbst, wenn es noch dauert,
Ich liege auf der Lauer.

Als ich am Abgrund stand,
Habe ich nachgedacht
Und dann habe ich erkannt,
Wie wertvoll mein Leben ist
Und drehte mich um und
Lief zurück in die Mitte der
Realität und meditierte.

Karmastand

Umsonst ist nichts in der Welt,
Alles kostet Karma:
Jeder Biss, jeder Fick,
Selbst jeder Atemzug.

Aber verdienst du genug,
Um deinen Lebensstil
Nach deinem Tod
Aufrechtzuerhalten?

Leben vergeht und
Wird zu Tod, der neues
Leben gebiert.

Karma ist wahrer
Als Tod und Geburt,
Deshalb wirkt Karma
Über beide hinaus.
Nur der Buddha hat,
All sein Karma aufgebraucht.

Kurz meditiert

Einfach nur sitzen
Und alles Leid ausschwitzen,
Das klingt so leicht
Und ist doch so schwer.

Plötzlich juckt es
Und das Bein schläft ein
Oder der Magen grummelt
Und wir wollen uns befummeln.

Komische Dinge spuckt das Gehirn
Aus, um nicht länger zu sitzen.
Auf einmal will man kichern
Wegen der inneren Bilder.

Unruhe macht sich breit
Und auf einmal zittert mein Leib.
Minuten fühlen sich an wie Stunden
Und alles erscheint sinnlos.

Durchzugehen und durchzustehen,
Bleibt dann das eigentliche Ziel.
Einfach nur zu meditieren,
Ist ein herausforderndes Spiel.

Lebensverändernder Schwur

Er schwor den Schwur
Der Bodhisattvas und
Betrat einen neuen Pfad.

Alles verändert sich
Je nachdem, welchen Weg
Wir wählen.

Wer mit den Theravada sitzt,
Sieht bald das Dharma-Licht
Und erlischt, aber er lässt
Alle Geliebten leidend zurück.

Der Bodhisattva kann das nicht,
Denn er spürt ihr Leid
Mit reinem Mitgefühl.

So entschließt er sich zu helfen
Und sucht in allen Welten,
Den Wesen zur Erkenntnis zu verhelfen.

Drei Kalpas übt der Bodhisattva,
So steht es geschrieben.
In all dieser Zeit hat er nur ein Ziel
Vor seinen erwachten Augen.

Vergehen sehen

All das hier wird
Einst vergangen sein,
Aber die Lehre der Erwachten
Immer noch befreien.

Der Planet wird
Einst zerfallen,
Aber die Lehre der Erwachten
Kann auch dann noch immer
Alle Wesen vom Leid befreien.

Alles vergeht
Und nichts besteht ewiglich.
Nicht einmal der höchste Gott
Oder das mächtigste Gesetz.

Vergänglichkeit
Ist der Preis
Allen Lebens.

Welt wir

Die Welt
Der Buddhas
Ist das größte Wunder
In der Geschichte
Der Erde.

Wir sind
Buddhas Erben
Und wir werden
Das Wunder Buddhas
Ewig ehren.

Die Welt
Wäre freier
Und gerechter,
Würden mehr die Silas
Annehmen und ernsthaft leben.

Wir sind
Verantwortlich
Für die Welt und wie die
Geschichte weitergeht.
Wie anders könnten wir
Sicherstellen, dass es gut wird,
Solange wir nicht ernsthaft
Die Silas manifestieren.

Vor der Wand

Sitz.
Zitter und schwitz.
Nur sitz.

Allein.
Innen sein.
Befreien.

Können
Ohne streuen.
Punkten.

Leid
Verstreicht.
Unverleibt.

Zen
Ohne wenn
Und aber.

Tod zu Tod

Tausend Tode.
Tausend Leben.
Was lernen wir,
Wenn wir jedes Mal
Bei null anfangen müssen?

Müssen wir oder
Sind wir nur zu blind,
Die Kontinuität zu sehen?

Sitzen und meditieren,
Um die Wahrheit des Karmas
Zu realisieren.

Karma trägt
Durch das Leben.
Karma trägt
Durch die Täler des Todes.
Karma überträgt.
Aber wer kann
Die Wahrheit sehen?

Erst als er erwachte,
Sah er das Karma,
Wie es fließt von Leben zu Leben.
Erst als er erwachte,
Löste er die Stränge
Des Karmas, die ihn banden.
Erst als er erwachte,
Erkannte er die Wahrheit
Allen Daseins.

Im Spiel des Daseins

Was ist Nirvana?
Frei von Karma.
Frei von Leid.
Das größte Glück,
Das sich ein Mensch vorstellt.

Was ist Buddha?
Mehr als ein Mann,
Der nur kann.
Ein Erwachter.
Kein Wiedergänger.

Was bist du
Im Spiel des Kosmos?
Vielleicht eine Illusion
Oder viel mehr.

Sieh, was ist und
Wie die Wahrheit verändert.
Wandel und Leid und
Keine Beständigkeit.

Kein Ich bleibt.
Kein Ich schafft sich
Aus sich selbst.
Erkenne die Natur deines Egos
Und lebe frei vom Wahn
Narzisstischer Ich-Bezogenheit.

Kämpfen

Frei sein
Von den Zwängen,
Die Leiden
Aufdrängen.

Saufen. Rauchen.
Stundenlanger Medienkonsum,
Bei dem wir unser Leben
Wegschmeißen.

Ich wähle Buddhas
Lehre als Waffe
Gegen den Suchtdruck.

Ich nutze Buddhas
Weisheit als Schild
Gegen den Suchtdruck.

Zu viele Tage und Jahre
Meines kostbaren Lebens
Habe ich verschwendet.

Nie wieder.
Ich habe mehr verdient
Als stumpfen Rausch.

Blauer Guru

Blauer Buddha.
Lapislazuli.
Medizinisches Futter.
Erfüllung.

Blaue Wolken
Erscheinen am Himmel.
Es endet das Drohen
Der kranken Schimmel.

Heilung beginnt
Am kranken Leib.
Das Mantra gewinnt
Gegen das Leid.

Ganzheitlich
Alle Medizin nutzen.
Alles ist nützlich
Gegen das Dürsten.

Wir dürsten nach Heil
Und wir sind überdrüssig.
Wir sind bereit
Gegen das Unwissen.

Der blaue Buddha
Lehrt uns sein Dharma.
Ein medizinisches Wunder
Heilt unser Karma.

Mit Buddha

Der Kummer
Ohne Buddhas Wunder.

Das Leid
Ohne Buddhas Wahrheit.

Der Schmerz
Ohne Buddhas Herz.

Die emotionale Kälte
Ohne Buddhas wärmende Hände.

Die schlimme Not
Ohne Buddhas Tugend.

Die Sorgen
Ohne Buddhas Worte.

Die endlosen Probleme
Ohne Buddhas Wege.

Und der sinnlose Tod
Ohne Buddhas Boot.

Jenseits des Lebens

Wahre Pfade
Führen zum Wahren.
Aus Pfaden
Werden Früchte.

Wer erlebt,
Wie die Frucht entsteht,
Begreift, wie viel
Möglich ist.

Dieses Leben der Pfad.
Das nächste die Frucht.
Von der Wiege bis zur Bahre.
Nabelschnur und Grab.

Buddha lehrte
Und die Geehrten lauschen.
Buddha vertrauen und
Sich im Dunkeln wandeln.

Licht der Welt.
Dunkelheit im Todesreich.
Tore und Sog.
Wahl und Schicksal.

Buddhas Potential

Der Traum
Eine heile Welt aufzubauen.
Wenn wir Buddha vertrauen,
Kann es gelingen.

Buddhas Lehre
Besitzt die heilsame Leere.
Buddhas Lehre
Verfügt über echte Tiefe.

Buddhas Lehre versöhnt
Alle mit Mitgefühl.
Buddhas Leere
Löst allen Hass auf.

Mit Buddha glückt
Der Pfad ins Paradies.
Mit Buddha können
Wir das Leben voll genießen.

Buddha heilt und
Seine Lehre versöhnt.
Buddha sät die Weisheit,
Alle Probleme zu lösen.

Durch Buddhas Weg
Wird der Weg offengelegt,
Der in eine heilere und
Glücklichere Welt führt.

Blaue Heilkunst

Leid weist.
Blau heilt.

Medizin-Buddhas
Blaues Wunder.

Stärkende Pillen.
Blaue Krankenbetten.

Operationsbesteck.
Roter Blutfleck.

Das alte Stethoskop.
Blauer AI-Roboter.

Ein blauer Schwur.
Helfen rund um die Uhr.

Ein blauer Pfad.
Medizinisches Dharmarad.

Der Schmerz im Zen

Schmerzen im Herzen
Wiegen schwer.
Aber der Schrei,
Wenn dir jemand den Arm
Abschlägt, ist das Zen.

In der Welt ist Härte
Und keine Stärke,
Die im Angesicht des Todes
Nicht einknickt.

Tod und Gewalt
Machen vor keinem Halt.
Krankheit frisst ein Kind
Und wir können nichts
Dagegen tun. Denn das
Ist die Welt.

Zen akzeptiert den Schmerz
Und stellt sich dem Leiden.
Nicht rührselig.
Nicht weinerlich.
Gesammelt und konzentriert.

Mein Guru

Mein Guru ruht
Auf dem Geierberg.

Mein Guru tut
Sehr viel Gutes.

Mein Guru lädt
Mein karmisches Akku.

Mein Guru entlarvt
Den Selbstbetrug.

Mein Guru ist absolut
In Nirvanas Anmut.

Mein Guru untersucht
Die wahre Natur.

Weil mein Guru die Vernunft
In mein Leben tut,
Bin ich heute auf einem Pfad
Ins große Glück.

Oh Guru!

Mein Guru fern
Unterm indischen Stern
Zu einer Zeit,
Die längst verstrichen.

Aber ich fühle ihn
Und koste seine Weisheit.
Ich rede mit ihm,
Denn wer sonst hat die Weisheit,
Mich zu heilen?

Mein Guru ist ein Relikt
Einer vergangenen Epoche.
Mein Guru ist für mich
Das Zentrum meines Lebens.

Oh Guru sprich
Mit Wundern zu mir.
Oh Guru erhöre
Mein bittendes Flehen.

Oh Guru lehre mich
Deinen achtfachen Pfad.
Oh Guru zeige mir
Die Macht der vier Wahrheiten.

Der Ausweg

Wer sitzt und
Sein Leiden ausschwitzt,
Kann heilen und sich
Vom Leid befreien.

Diesen einfachen Weg
Kann jede:r gehen
Und doch sitzen zu wenige.
Stattdessen leiden sie
Völlig sinnlos.

Es gibt einen Ausweg.
Es gibt einen Pfad.
Es gibt Erlösung
An jedem Tag.

Worauf wartest du
Oder sind dir deine Probleme genug
Und akzeptierst du es,
Für immer mit ihnen zu leben?

Sangharitter

Lass los
Von den Gedanken,
Denn sie sind Schranken
Alter Tage.

Sitz aufrecht
Auf dem Kissen
In der Meditationshalle.

Hölzerner Fisch,
Merkwürdig anmutender
Anachronismus.

Die Nonne
Mit kahlem Kopf
Erhofft.

Der Tempel
Neu gebaut
Als Stempel.

Der Mut
Eines einzigen Mannes
Hat uns vereint.

Seine Lehren
Sind die Wege
Unserer Sehnsucht.

Wahrhaft wahr

Wahre Wege gehen
Und heilen.

Wahrheit sehen
Und ihr folgen.

Wahre Leere
Formt alle Wege.

Wahre Religion
Überwindet sich selbst.

Wahrer Dharma
Endet im Nicht-Dharma.
Sieh die Wolken und Berge.
Sieh die Nicht-Wolke in den Wolken.
Sieh den Nicht-Berg in den Bergen.
Und dann sieh
Die Wolken und Berge.

Wahrhaft durchschauen
Mit weisen Augen.

Wahrhaftes Erleben
Im erleuchteten Leben.

Wahrheit sein
Ohne Inhärenz.

Wähle dein Leben!

Die Wege des Lebens,
Die du wählen
Kannst, sind zahllos.

Woher weißt du,
Welches Los
Das Beste ist?

Sieh, was dich
Glücklich und was
Dich unglücklich macht?

Sind es nicht Sorgen
Über das Morgen, Probleme,
Leid und Schmerz?

Da war einer,
Der erwachte
In dreifacher Nacht.

Er hat das
Nirwana wahr gemacht
Und sich befreit.

Er lehrte einen Pfad,
Wie du ohne Sorg und Leid
Leben kannst.

Wähle im Leben,
Aber wähle weise,
Um nicht unterzugehen!

Arya Magga

Achtfach
Einfach

Buddhaworte
Sind heilige Orte

Sinnstiftend
Nicht verletzend

Heilendes Mitgefühl
Gegen kaltes Kalkül

Erwachen
Licht ohne Schatten

Menschen
Frei vom bösen Denken

Achtfache Macht
Heilende Kraft

Dreifache Qual

Weniger ist oft mehr,
Aber die Gierigen kriegen
Nie genug und werden
Immer unglücklich.

Sich gegen die Feinde wehren,
Aber die Aggressiven können
Nicht aufhören. Sie jagen weiter
Und morden ohne Gnade.

Wie im Nebel durch
Das Leben gehen und
Mit voller Wucht gegen
Eine steinerne Wand laufen.

Voll Pein ist das Dasein,
Solange uns die Geistesgifte
Plagen. Sie zu ertragen,
Ist harte Qual.

Frei wandelte Buddha
Auf Erden und hinterließ
Seinen Erben die Lehre
Des befreienden Dharmas.

Samma

Hilfe ist unterwegs
Auf dem Buddhaweg.

Die Hand wird gereicht
Im Buddhareich.

Du bist nie allein.
Buddha wird bei dir sein.

Glauben und Vertrauen
Und baue dich auf.

Vollkommen ist das Sein
In Buddhas Heim.

Vollkommen ist der Pfad,
Auf dem du erwachst.

Vollkommen ist das Leben
Des vollkommenen Gebens.

Vollkommen ist das Herz
Mit Dharmas Wert.

Endloser Kreis

Immer im Kreis
Weiß der Weise.

Samsara ist ein Kreisel
Endloser Wiedergeburt.

Nirvana ist nicht verschieden,
Aber es heilt alles Leid.

Wahre Taten
Laben die Ernsthaften.

Des Buddhas Ziel
War aller Sieg.

Des Buddhas Traum
War unser Freiraum.

Kreise oder heile.
Tragisch oder erwacht.

Farbenfroh

Blauer Herr
Mit seinem Meer
Aus Heilern

Roter Held
Über der Welt
Zeigt den Weg

Goldener Mann
Unterm Baum
Zum Aufschauen

Weißes Zentrum
Um uns herum
Die Konzentration

Die grüne Frau
Erhellt den Raum
Mit Gefühl

Die neue Lilane
Mit der Liane
Des Buddhafeldes

Wieder lächeln

Buddha lebte
Und wir lebten damals auch:
Das ist das Gesetz des Karmas.

Wiedergeburt ist
Die Säule des Buddhismus.
Ohne den Glauben
An Wiedergeburt kann keine
Buddhistin sein und doch
Beendete Buddha seine Wiedergeburt,
Indem er erwachte.

Unvorhersehbar ist Samsara.
Alles kann geschehen.
Krieg. Hunger. Selbst Kannibalen.

Sicher ist nichts in Samsara.
Alles ist im Fluss, steht niemals still
Und macht, was es will.
Egal, ob es uns gefällt.

Wir waren da, als Buddha erwachte
Und wir sind immer noch
Im Strom der Wiedergeburt.

Leere

Leer strebt
Und strebt doch nicht.

Leere erhebt,
Wo keine Höhe ist.

Leere lebt
Und umfasst den Tod.

Leere verweht,
Was nie hat existiert.

Leere lehrt
Wider den Schmerz.

Leere befreit
Von allem Leid.

Schleichendes

Leid schleicht
In die Menschheit.
Leid weicht
Nimmermehr.

Buddha wahrt
Einen Pfad
Aus dem Leid.

Buddha lehrt,
Wie das Meer
Des Leidens zu
Überwinden ist.

Leid wächst
Extrem ungerecht.
Leid zerstört
Das gesunde Gehör.

Wir hören falsch.
Wir sehen falsch.
Wir sind es leid,
Weiter zu leiden.

Buddha lebte
Und er ebnete
Dir den Weg.

Eine Familie

Erwachen und
Erleuchtete Dinge schaffen.

Wie vom Schlaf erwacht,
Leben die Jünger Buddhas.
Nur mit Frieden erschaffen,
Tun die Schülerinnen Buddhas.

Er, der Herr,
Der jede Herrschaft ablehnte.
Er, der Prinz,
Der das Königreich ablehnte.
Denn weltlich sah er nicht,
Wie das Herz Erlösung findet.

So sitzen wir
Und gedenken ihm.
So atmen wir bewusst
Und machen uns,
Den Dharma bewusst.
So leben wir
Auf erleuchteten Pfaden.

Sanduhr

Zeit verstreicht.
Wie viel deines
Lebens bleibt.

Nach diesem Leben
Wirst du auf
Eine Reise gehen.

Was erwartet dich
Außer deinem neuen Gesicht
Im Spiegelbild?

Wer wirst du sein,
Frage nicht, begreife,
Wer du bist.

Zeit schwingt
Und du gebierst
Als ihr Kind.

Karma ist das Gesetz
Der Wesen in
Allen Welten.

Buddha-Freak

Ich will gut sein,
Weil ich Buddhist bin.
Du sagst, das ist oberflächlich,
Aber egal, was ich tue,
Ich tue es, um Buddha zu gefallen.

Er gewann mein Herz.
Nenn mich schwul,
Doch unsere Liebe
Ist unsexuell, aber übersteigt
Alle Sexualität.

Nenn mich, wie du willst,
Buddha-Freak oder Schaf
In der Buddha-Herde. Nichts
Davon drückt die Größe aus,
Mit der ich Buddha folgen will.

Ich will mehr sein als sein Schüler
Oder einer seiner Jünger.
Ich will alles sein, was geht.
Ich will in meiner Verehrung für
Buddha und meiner Praxis im Dharma
Über alle Limits hinausgehen!

Gemeinsam

Bei Buddha sitz
Ich richtig.
Bei Buddha such
Ich mich.

Nirwana schützt
Mein Herz.
Nirwana rettet
Meine Seele.

Der Dharma heilt
Meine Freundschaften.
Der Dharma
Zeigt mir den Weg.

Um den Stupa
Kreisen mit der Mala.
Um den Stupa
Mit meinen Sorgen.

Die Sangha ernährt
Mein inneres Haus.
Die Sangha ist
Mein zweites Zuhause.

Wurzel zerhacken

Wer bist du
In hundert Jahren?

Was war dein Gesicht,
Bevor deine Eltern geboren?

Wie klingt das Klatschen
Mit nur einer Hand?

Das Gewand der Zenwand schneidet jeden Gedanken
von seinen Wurzeln ab. Krude Fragen damit wir tiefer
graben. Neue Perspektive führt in die Tiefe. Ein echter
Schritt ins Licht der Nichtigkeit aller geistigen Bilder.
Was wirkt, wenn alles leer. Was ist das Meer Samsaras
für die einäugige Schildkröte? Wer bist du in all den
Gleichnissen, Koans und Wiedergeburtsgeschichten,
die du hörst, siehst oder liest?

Die heilige Lehre

Du siehst ihn nicht,
Aber er ist da,
Denn wir leben durch seine Lehre.

Mehr war er nicht,
Nimmermehr nach dem Erwachen,
Nur seine Lehre blieb.

Unsichtbar. Unberührbar.
Seine Worte unhörbar, aber wir haben
Alles von ihm durch seine Lehre.

Fern und vergangen,
Aber immer noch erreichbar
Durch die Bücher der Lehre.

Der Buddha bleibt
Immer bei uns, denn die Lehre
Beweist seine Existenz.

Kopfschmerzen

Jeder Augenblick trägt
Den Stachel in sich.

Leid ist niemals weit
Von uns entfernt.

Jedes Gefühl von Sicherheit
Bleibt Vergänglichkeit.

Wir quälen uns auf Wegen,
Die trotzdem nicht zum Glück führen.

Hoffnung ist keine Garantie,
Dass der Tod uns weiter verschont.

Nur der Pfad des Buddha Dharma
Besitzt überweltliche Macht.

Buddha kennt den Weg,
Der sicher durchs Leben führt.

Buddhas Futter

Mein Kummer
Wird gelindert von Buddha.
Meine Sorgen
Enden in der Sangha.

Mein Schmerz
Heilt durch den Dharma-Wert.
Meine Probleme
Lösen sich auf achtfachem Wege.

Meine Welt
Ist reicher als Geld.
Meine Freunde
Öffnen heilige Räume.

Mein Wesen
Erblüht im Verwehen.
Meine Not
Endet vor dem Tod.

Meine Wahrheit
Erstrahlt in klarer Wachheit.
Und mein Lachen
Erklingt im Erwachen.

Weisheitsretter

Buddhas Thron ist seine Weisheit
Und Buddhas Sohn jeder Mann,
Der weise handelt.

Weisheit ist reine Macht
Und sie hat die Kraft,
Frieden zu erschaffen.

Hunger, Krieg und Kriminalität
Blühen, weil uns die Weisheit fehlt,
Sie loszuwerden.

Aber es gibt einen Pfad,
Auf dem wir erwachen
Und wahre Heilung schaffen.

Folge dem Licht
Des Lächelns in Buddhas Gesicht.
Erhebe den Klang
Der weisen Worte, die er sprach.

Nirvanas Wahrheit

Das Nirvana
Ist frei vom Karma
Das Nirvana
Ist wahrer
Als jeder Quant Samsaras

Dumme glauben
Nirvana ist nichts
Dumme vertrauen
Ihrem verblendeten Geist mehr
Als dem Herrn der Bodhisattvas

Das Nirvana
Ist das Ziel
Das Nirvana
Ist der größte Sieg

Wer das Nirvana erlangt
Beendet den Kampf
Wer das Nirvana lebt
Dessen Leiden ist verweht

Vertrau darauf
Nirvana aufzubauen
Folge einfach nur Buddha
Und lebe seine Lehre

In der Mitte ruhen

Für immer
Oder niemals

Aber Nichts
Ist für immer
Und niemand
Ist niemals

Ewigkeit und
Nichtheit sind Illusionen
Eines verblendeten Geistes

Weder ist der Tod das Ende
Noch der Fortgang des Ichs
Weder währt ein Gott ewig
Noch wirst du total verschwinden

Für immer
Oder niemals
Sind Fragen
Der Verwirrten

Hier und jetzt
Wartet der Pfad
Dich vom Leid
Zu erlösen

Grauen

Leiden auf
Millionen Weisen.

Darben mit
Tiefen Narben.

Schleichen mit
Gebrochenem Geist.

Zweifeln an allem
Gierigen Wollen.

Schreien vor Schmerzen,
Die im Herzen.

Mutlos leben
Auf düsteren Wegen,
Ohne einen Ausweg
Zu sehen.

Aber es gibt einen Ausweg,
Denn Buddhas Weg
Heilt das Leid und vertreibt
Ängste und Sorgen.

Buddhas Augen

Seine Augen ruhen auf mir.
Sie schauen in die Tiefe
Und sehen, was ich wirklich bin.

Mein Blick ist blind
Für das wahre Wesen der Dinge.
Ich sehe wie im Nebel.

Der Nebel der Verblendung
Verhindert meine Rettung.
Denn er treibt mich in die Irre.

Blind für die Wahrheit,
Aber gewohnt zu leiden.
Das ist das Los der Verblendung.

Aber Buddhas Augen erkennen
Und sie zerschneiden das Brennen
Der sinnlosen Sinnendinge.

Sein Blick lehrt mich
Und er zeigt mir das Licht,
Das Nirwanas Wahrheit ist.

Jenseits des Geldes

Die Welt zerfällt,
Weil sie glaubt, Geld
Könnte sie retten.

Buddha erwachte,
Weil er erkannte,
Was wirklich heilt.

Die Weisheit lehrt,
Es gibt viel mehr
Als alles Geld.

Wer sich an Geld
Klammert, wird die Welt
Reinen Glücks nie erleben.

Aber wer meditiert,
Betritt den Weg
Zu grenzenlosem Glück.

Sicherheit

Unsicher wegen Buddha?
Niemals!

Er war der Mann,
Der erwachte.
Er war der Eine,
Der das Ziel erreichte.
Er war das Glück,
Das die Welt schmückte.

Ich bin sicher
Und zelebriere es
Feierlicher.

Ich bin mir klar,
Ob der Wahrheit
Des Pfades.

Ich habe Vertrauen
In die Schauungen
Der Meditation.

Ich werde üben
Auf allen Lebenswegen,
Solange noch Karma ist.

Ehret meinen Guru Buddha

Der Guru ging vor langer Zeit,
Aber er kann nicht nichts sein.
Denn er lehrte, dass weder Nichts
Noch Ewigkeit wahrhaft sind.

Zwischen den Extremen
Durch Samsara segeln.
Immer Ausschau halten
Nach erwachten Gestalten.

Draußen sind Erwachte,
Selbst in Kälte und Nacht
Sind sie für uns da und
Reichen uns die Hand.

Mein Guru wirkt durch Raum und Zeit
Und sein Ruf hat mich erreicht.
Ich folge ihm in ein Leben,
Das frei von allem Leid.

Er ist mein Stern
Und mein Weisheitsherr.
Er ist die Leuchte in der Nacht,
Nach der ich mich ausgerichtet hab.

Kämpfe im Geiste

Leere Seiten
Eines vollen Buches.
Erwachte streiten
Mit Schweigen.

Am Abgrund
Wird Samsara rund.
Erkennt ein Mensch
Ob er ist oder denkt?

Leerer Blick
Erkennt das Herz.
Mitgefühl ist
Ein großer Wert.

Das Chaos der Städte
Und die Meditationsdecke.
Karma löst Probleme und
Der Mob mit Säbeln.

Der krankte Wahn
Hält gedanklich zusammen.
Der freie Ruf
Zerreißt die Luft.

Unser Guru Buddha

Wir glauben und
Vertrauen dir Guru Buddha.
Wir haben verstanden,
Dass du die höchste Weisheit bist.

Wir lieben und
Ehren dich Guru Buddha.
Wir bauen unsere Leben
Auf deine Lehre

Wir danken und
Achten dich Guru Buddha.
Wir fühlen, dass deine Lehre
Erlösung vom Leiden bringt.

Wir folgen und
Lernen von dir Guru Buddha.
Wir geben alles auf, von dem du
Sagst, es ist die Ursache für Leid.

Wir fühlen und
Spüren dich Guru Buddha.
Wir schauen nach dir,
Denn du bist der Leuchtturm
In der dunklen Nacht der Unwissenheit.

Unausweichlich

Alter, Krankheit, Tod
Und Wiedergeburt;
Das ist das Los
Aller samsarischen Wesen.

Wie Berge rasen die vier
Mit irrer Geschwindigkeit
Aus allen vier Himmelsrichtungen
Auf uns zu.

Alter, Krankheit, Tod
Und Wiedergeburt;
Dieser Wahrheit Not
Können wir nicht entkommen.

Wie endlose Ozeane
Umgeben sie uns und
Schließlich werden sie
Uns in die Tiefe reißen.

Alter, Krankheit, Tod
Und Wiedergeburt;
Sind der Matrix-Code
Des Kreisens im Samsara.

Was ist Buddha?

Was Buddha ist,
Verrät das Licht,
Das uns Nirvana bringt.

Jedes Kind weiß,
Was Buddha ist,
Denn es trägt einen
Buddha in sich.

Die ganze Welt fragt,
Wer Buddha war.
Ein Erwachter
Ohne geistiges Leid.

Wir alle wollen verstehen,
Wie wir den Weg
Ohne Probleme gehen können.

Wir alle wollen
Das Wunder sehen,
Wie ein Buddha wandelt
Auf Erden und wir Zeuge
Seiner Herrlichkeit werden.

Endlose Male

Tausende Male
Zu Boden fallen
Und Zuflucht nehmen

Tausende Male
Die Hände falten
Und zu Buddha beten

Tausende Male
Meditieren, um Nirvana
Zu verstehen

Tausende Male
Spenden, um etwas
Gutes zu tun

Tausende Male
Wiedergeboren werden,
Bis Nirvana alternativlos wird

Tausende Male
Um die Stupa marschieren,
Um innerlich stark zu werden

Goldene Augen schauen

Ich bin Buddhist,
Das ist mein Glück.
Ich folge Buddha
Wie einer Mutter.

Mein Leben als Buddhist
Ist mir geglückt.
Tägliche Zuflucht
Tut mir gut.

Den Dharma leben,
Sorgt für ein Erheben
Über weltliche Sorgen
In einem besseren Morgen.

Zuflucht zu Buddha
Ist das beste Futter.
Zuflucht zu den Juwelen
Ist das höchste Streben.

Alles Sein ist rein
Für das erwachte Auge.
Alle Herzen golden,
Wenn sie Buddha folgen.

Leere Stäbe

Niemandsland.
Leeres Gewand.
Das Klatschen einer Hand.

Der Hund bellt
Und der Holzbuddha brennt.
Was ist die Welt?

Ein Tor ohne Tor.
Ein Kreis mit
Anfang und Ende.

Er poliert den Stein
Und findet nichts
Als sein Spiegelbild.

Staub auf dem Spiegel.
Plötzlich sieht er,
Was der Stufige nicht fühlt.

Ein Stab und die Macht
Des Kochs. Kahle Schädel
Und eiserne Leere.

Todesfährte

Das Ende ist in Sicht.
Jeden Tag verlischt
Eine Kerze mehr auf
Deinem Geburtstagskuchen.

Endlich ist alles Menschliche.
Vergänglich alle Lebensstränge.

Alles vergeht. Nichts bleibt.
Warum stützt du dich auf Minderwertiges?
Oberflächlich und kahl.
Schnelllebig vergangen.

Aller Besitz ist endlich.
Aller Status vergänglich.
Alle Hoffnungen sterben
Mit ihrem Besitzer.
Alles Glück ist nur
Vorübergehend.

Gibt es etwas, das dich auch im Todesland
Weiterbringt und das dort weitergeht,
Weil es mächtiger und tiefer ist als Tod
Und Leben?

Ja. Der Buddha-Dharma!

Vier Berge

Tag und Nacht.
Nacht und Tag.
Leben und Tod.
Tod und Leben.

Der Bardo zwischen
Den Leben gilt
Als größte Chance für ein
Erwachendes Erdbeben.

Wir klammern uns,
Weil wir denken, es gehört uns.
Wir binden uns,
Weil wir glauben, wir sind so.

Freiheit heilt
Von allem Leid
Und sie ist nicht kalt,
Sondern mitfühlend.

Geburt ist unser Los.
Krankheit unausweichlich.
Alter ursächlich zeitlich.
Sterben ist unser Erbe.

Wahres erkennen

Wahre Wege
Und Irrwege.
Der Narr versteht
Nicht und fällt nach dem Tod
In eine schlimme Welt.

Der rechte Pfad
Gemacht aus Acht
Führt hinauf jedes Leben
Und kann erheben.

Aber viele wissen nicht,
Was wahr ist und irren
Und verfehlen das Paradies
Heilsamer Buddhafelder.

Wahrheit existiert
Und wer nicht nebuliert,
Wird sie finden.

Wahrheit heilt
Und wer nicht bei Gier
Und Hass verweilt,
Wird Erlösung finden.

heilige Tropfen

Da da da
Hier hier hier
Jetzt jetzt jetzt

Hetz durch die Welt
Renn für deinen Job
Lauf hinter Frauen

Vergiss die Pest
Gier verliert
Hass verdammt

Achtfache Nacht
Traumhafter Baum
Ein Mann erkannte

Wahres Nirvana
Vorbei vorbei Leid
Lehre geben

Komm Herr. Komm.

Der Blick des Buddhas sticht
In meinen Augen und
Lässt mich die Wahrheit schauen.

Aus falschen Meinungen
Und unwahren Idealen
Versuche ich, Dinge zu wagen,
Die nur Leid erzeugen.

Wäre er nur hier bei mir
Und lehrte mich wie einst
Die fünfhundert Arhats.

Wäre er nur hier bei mir
Und zeigte mir die nächsten Schritte
Auf dem achtfachen Pfad.

Wäre er nur hier bei mir
Und reinigte meinen Geist
Von den unedlen Gedanken.

Am anderen Ufer

Der Buddha mein Kutter
In ein glückliches Leben.

Das eine Ufer voller Krieg,
Auf dem anderen die Liebe siegt.
Ich verlasse die hassende Welt
Aus Stumpfsinn und Geld.
Ich schiffe mich ein
Im meditativen Kleid.

Der Buddha mein super
Lehrer und spiritueller Ernährer.

Das eine Ufer ist kaltherzig
Und kennt nur den Schmerz.
Das andere Ufer ist Frieden,
Wo sich alle lieben.
Dort heilt der Geist
Und er wird sich befreien
Von Kummer und Leid.

Der Buddha mein Wunder
Und Kompass ans glückliche Ufer.

Anfang ist Ende

Zerbrochen.
Geheilt.
Gestorben.
Wiedergeboren.

Der Kreisel des Kindes
Dreht sich wild,
Bis er hinfällt.

Der Wind bläst
Mit leerem Gesicht
Und streichelt die Welt.

Zillionen Pfade Samsaras.
Nur ein Pfad ins Nirvana.
Vier und acht,
Die mehr sind als die Unendlichkeit.

Das Kind lacht
Mit dem zahnlosen Greis.
Sie verliert ihren Zahn
Und die Zahnfee kommt.

Buddhas Kindeskinder

Das Leben der Kinder Buddhas
Ist das ewige Streben
Nach dem Erwachen.

In diesem Leben
Lernen wir zu verstehen,
Wie die Leiden entstehen.

Wir graben tief,
Bis wir den Hass und die Gier,
Die allem zugrunde liegt, erkennen.

Was wir nicht wissen
Und verstehen, stört das Gewissen
Durch karmische Spuren.

Denn der Pfad
Des Buddha Dharma
Hilft in vielen Wiedergeburten.

Der Pfad des Buddhas
Ist der Kompass für Kind und Eltern,
Damit sie nicht verlieren
Das Gute im Leben.

Leerheit

Leere Herzen
Haben Platz
Für alle Wesen

Leere Geister
Erfassen die
Ganze Welt

Leeres Licht
Durchdringt die
Dunklen Gedanken

Leere Welt
Ist reicher
Als alles Geld

Leere Straßen
Sind frei
Vom Hassen

Leerer Sitz
Auf dem der Meister
Weise Worte spricht

Nirwanas Strahlen

Wie ist der Pfad nur achtfach,
Wo er doch die Macht hat,
Alles Leiden aufzulösen?

Träume werden wahr
Am Ende des Pfads.
Liebe erstrahlt
Im heilsamen Nirwana.

Leid und stumpfer Geist
Beschreiben die Weltlichkeit.
Wonne und Sonne
Sind der Erlösungspfad.

Wie kann es nur acht Schritte
Brauchen, um zum Glück überzutreten,
Wo alles Leid verweht?

Aber es ist wahr.
Es ist möglich
Und es ist wunderbar.

Endlose Weiten

Endlich unkenntlich
In der Ewigkeit.
Ein Sternenschweif
Aus Seelensplittern.
Göttliche Gewitter
Und das ewige Zittern
Vor der Sterblichkeit.

Zerschlage dein Spiegelbild.
Greif nach der Leere
Und schrei!

Halte die Waage.
Angst liegt in der Schale
Und ein befreites, leeres Gewand.

Leere den Kelch
Karmischer Säfte.
Nähre das Herz
Mit dharmischen Mächten.

Erwache und lache.
Erwache und wachse zum Himmel
Bis dein Fuß den ganzen Meru bedeckt.

In den Fängen Samsaras.
In der Klemme der Egoschranke.
Flieg. Flieg. Flieg.
Flieg in Buddhas Paradies:
Nirvana!

Die Mitte zwischen den Extremen

Wege ins Licht.
Ein Pfad der Wahren.
In Buddhas Gesicht
Strahlt das Halblächeln.
In Buddhas Augen
Kannst du die Wahrheit schauen.

Der erwachte Tag
Und das reine Glück
Sind Stationen auf
Dem Buddhapfad.

Das Ziel ist Nirvana und
Die Reinigung des Karmas.
Das Ziel ist die Wonne
Wunschloser Glückseligkeit.

Nirvana und Dharma.
Buddha und Sangha.
Pfad und Frucht.
Und du zwischen den Extremen
Auf dem mittleren Weg.

Wahres Buddha-Dharma-Rad

Kraft macht
Und Geist befreit.
Die Kraft des Geistes
Hat die Macht zu heilen.

Buddhas Lehre
Offenbart die Wege,
Um aus der Lehre Buddhas
Glück zu weben.

Der Dharma der Sangha
Ist heilsam wahr.
Denn wenn die Sangha
Voller Dharma wird sie wahr.

Der Bodhisattva lernt,
Um den Dharma zu erwerben.
Zu lernen ist der Bodhisattva
Ganzer Pfad.

Das Ziel des Nirvanas
Ist aller Dharma Ziel.
Wer aufs Nirvana abzielt,
Wird niemals verlieren.

Die Macht der Worte

Krumme Worte verletzen.
Ein gerades Wort
Voller Ehrlichkeit heilt.

Buddha lehrt
Vom rechten Wort
Zur rechten Zeit.

Man erntet,
Was man mit Worten
Beschworen.

Scharfe Zungen
Zerstören Glück
Und schmücken nicht.

Worte können
Versöhnen oder Kriege
Auslösen.

Zu lernen,
Wie man verbal heilt,
Ist buddhistische Weisheit.

Egal wie

Fahren zum Wahren,
Wo der Baum wächst,
Auch wenn es ein Nachfahre ist,
Unter dem er erwacht.

Fliegen im Flugzeug
Und den Tagträumen
Zu dem Ort, wo er die
Erleuchtung vollendete.

Meditieren unter einem Baum,
Um ihn zu spüren.
Denn er saß unterm Baum,
Um die Wahrheit zu schauen.

Lebend streben
Und sterbend beten
Für ein Leben
Auf Buddhas Wegen.

Der achtfache Pfad
Ist für uns gemacht.
Egal, ob wir laufen, fliegen,
Schwimmen oder springen.

Ein Buddha

Achtfach.
Vierfach.
Einfach frei.

Drei Juwelen.
Vier Wahrheiten.
Acht Glieder.

Ein Buddha.
Zwei Fahrzeuge.
Drei Zeiten.

Einfach Zuflucht.
Zwei Seiten der Medaille
In der Weltlichkeit.

Ein Licht.
Zwei Tore
Aus und ins Leben.

Viel Zerstreuung
Oder die Absicht
Zu erwachen.

Nimm das Geben

Zu geben
Ist auch nehmen.
Wir nehmen
Den Dank entgegen.

Sich lieben,
Heißt, sich zu kümmern.
Sich zu kümmern,
Ist eine Form der Liebe.

Wir sind
Tausendfach verbunden.
Tausendfach schenke
Ich dir mein Mitgefühl.

Vierfach ist die Liebe
Und geht einfach tief.
Tief ist die Liebe
Und vierfach einfach.

Zu heilen,
Heißt, beieinander zu sein.
Beieinander sein,
Ist der Weg zu heilen.

Asangas Lektion

Buddhas Büste
In meinem Traum.
Buddhas Grüße
Vom Bodhibaum.

Buddha erscheint
In meiner Fantasie.
Buddhas Silhouette spielt
Am leuchtenden Himmel.

Buddha ist ein Zeichen,
Um Leid zu vertreiben.
Buddha ist ein Symbol
Des karmischen Lohns.

Buddha strahlt,
Was Sutren sprachlich malen.
Buddha sendet
Eine wichtige Botschaft.

Verschließe dich nicht
Vor den Zeichen.
Selbst Asanga war zu blind,
Um Maitreya zu sehen,
Bis er den Hund von
Den Würmern reinigte.

Buddhas Gold

Buddha lacht
Tag und Nacht.
Buddha heilt
Alles Leid.

Buddha ist
Ein Gedicht.
Buddha singt
Für das Kind.

Buddha tanzt
Im Dharmagewand.
Buddha spricht,
Was wahr ist.

Buddha nährt
Das Herz.
Buddha strahlt
Mit Wahrem.

Buddha bringt
Uns Frieden.
Buddha will
Heilsam siegen.

Blinde sehen

Blinde Ohren
Und taube Augen.
Ein Stummer spricht.

Was ist richtig
Und was ist falsch?
Ohne guten Kompass
Kommst du nicht weit!
Der achtfache Weg
Zeigt dir den Weg in dein Glück.

Wenn oben unten ist
Und unten undurchschaubar ist,
Woher weißt du, wohin du gehst?

Folge Buddhas Pfad.
Seine Worte sind wahr.
Er ist das Licht
Mit weisem Gesicht,
Dass dich sicher
Durch Samsara führt.

Mara

Mara in mir,
Doch ich wehre mich
Gegen das, was ich nicht
Sehe, weil es meinen Kern
Umwebt wie ein Parasit.

Böse Gedanken
Von Mord und Krieg.
Es ist schwer, innerlich
Frieden zu tanken.

Lüsterne Gedanken
Mit der Unbekannten,
Die ich heute an
Der Bushaltestelle traf.

Gier und Gewalt
Spielen in mir
Das böse Spiel der Mara.

Lust und Hass
Machen mich schwach
Und sie halten mich ab,
Erleuchtung zu erlangen.

Diese Mara treibt ihr Unwesen
Und lässt mich fühlen,
Als ob ich inhärent sei.

Evidenz der Existenz

Immer tiefer graben
Und erkennen.
Immer mehr wagen,
Um zu erwachen.

Wer versteht,
Der verweht.
Doch nichts verweht,
Das je wahrhaft war.

Einsichten verändern
Und sie zerschneiden
Die Ränder der Realität.

Einer Matrix gleich
Ist Samsaras Reich.
Einem Träumer gleich
Wirkt dein Leid.

Wer träumt, träumt.
Doch wer im Traum wach ist,
Ist nicht wirklich so,
Wie er denkt, dass er ist.

Existenz. Unzähmbare Existenz.
Kämpf um die Evidenz
Deiner samsarischen Existenz.

Leeres Schwert Manjushris.
Eine Kette aus Knochen
An Kshitigarbhas Schlüsselbund.
Taras Tanz bannt.

Wer sieht, sieht sich nicht.

Entscheide dich!

Der Sog der Welt
Oder die Rettung Nirvanas?
Wir alle entscheiden
Und werden Erben
Unserer Entscheidungen.

Entscheide dich
Für Hass und Gier
Und du wirst nie
Deinen Frieden finden.

Entscheide dich
Für ein meditatives Leben
Und du wirst Glück
Und Harmonie erleben.

Entscheide dich
Für den achtfachen Pfad
Und das Wahre des Dharma
Wird dich befreien.

Entscheide dich
Für Buddhas Licht
Und dein Gesicht
Wird für immer lächeln.

Arupa

Formen begrenzen das Denken.

Rupa wirkt super.
Aber hast du je Arupa gespürt?

Buddha lehrte von der Erde
Und der Welt über der Erde.

Form ist das Gewand
Deiner formlosen Herz-Gestalt.

Streife ab dein irdisches Kleid
Und du wirst Arupa erreichen.

Aber Buddha lehrte noch mehr
Als Arupa und Erde. Denn er lehrte
Vom Nirvana, das frei von Rupa
Und Arupa ist.

Werteverfall

Es gibt nur den Ausweg Nirvanas.
Alles andere führt früher oder später
Zurück in Leid und Sorgen.

Das Morden. Das Morden.
Fast verdammt, kehrt es zurück.
Selbst die friedlichsten Gegenden
Werden Stück für Stück
Überschwemmt von Werten,
Die das Morden gut bewerten.

Überall blüht die Gewalt
Und macht vor keinem Halt
Und sie wird immer wiederkehren,
Solange kein Buddhafeld auf Erden.

Es gibt nur den Ausweg Nirvanas,
Um die Idee des Mordens
Für immer zu vertreiben.

Hier und jetzt

Im hier und jetzt
Gibt es kein Netz
Aus Gier und Hass.

Deine Erinnerungen ketten
Dich an die Fesseln
Deines verblendeten Geistes.

Der blanke Zorn
Ist ein blutiger Dorn
In deinem Herzen.

Freiheit wartet
Auf deine Taten
Des Erwachens.

Spielen mit Gefühlen,
Um sich zu verlieben,
Wäre Gier nicht erschienen.

Erwacht aus der Nacht
Des blinden Hasses
Und der nimmersatten Gier.
Erwache im reinen Hier
Und fühle das Jetzt.

Dreifacher Traum

Wer sonst,
Wenn nicht Buddha?
Was sonst,
Wenn nicht der Dharma?
Wo sonst,
Wenn nicht in der Sangha?

Träume weben
Auf den Wegen des Buddha Dharma.
Aber sie sind anders
Als die weltlichen Träume.
Die Träume der Welt
Bestehen aus Gier und
Dem Wunsch Macht
Über die Feinde zu haben.

Die Träume des Dharma
Sind heilige Schutzräume,
Die vor allem Leid beschützen
Und einem tausendfach nutzen,
Wenn man zu sich selbst ehrlich ist.

Der ehrenwerte Pfadvollender

Ein Pfad
Der Wahrheit.
Ein Lehrer
Heilsamer Leere.

Wer Buddha sucht,
Findet sich
In der aufgelösten Inhärenz
Des wahren Seins.

Wer Buddha folgt,
Hat Erfolg
Bei der Pflege
Seine Karmakontos.

Wer Buddha vertraut,
Wird Wahrheit schauen
Und er wird lernen,
Mit Mitgefühl zu leben.

Jede Frau, die Buddha liebt,
Liebt einen Mann, der treu
Und spannend ist, zwar ist da kein Sex,
Aber dafür das Recht
Täglich glücklich zu sein.

Weinend scheiden

Tod ist Not
Und Tod ist
Vergänglich.

Alles vergeht.
Nichts besteht.
Was geboren, wird sterben.
Was gestorben, wird
Wiedergeboren.

Erlöst und klar sah
Ich den Kreislauf.

Verweht und heilig
Saß mein Guru Buddha.

Tod ist Not.
Weinend verstreichen
Kostbare Tage
Mit unseren Liebsten.

Mit Liebe befrieden

Den Buddha zu lieben,
Heißt, sich selbst zu befrieden.
Aber die Welt will uns verführen
Mit bösen Dingen.

Es ist leicht zu hassen
Und Dinge kaputtzumachen.
Aber zu heilen und zu bewahren,
Ist schwere, harte Arbeit.

Die Welt zerstört.
In ihr bleibst du unerhört.
Der Geist zerreißt
An gierigem Leid.

Schutz zu suchen,
Entspricht unserer Natur.
Aber welch Schutz nutzt
Dir so viel wie die Zuflucht?

Buddha Dharma ist ein Schild.
Er dient nicht einem Feindbild,
Aber der Wahrheit,
Die alles Leiden heilt.

Der totale Krieg

Weltrad.
Sechsfache Chance
Auf Wiedergeburt
Und ein leeres Tor.

Wer erschrickt
An seinem eigenen Gesicht,
Der fällt tief in der Welt
Nach diesem Leben.

Wir ernten, was wir sehen,
Das ist der Lauf der Leben.
Ohne uns wiederzusehen,
Werden wir wieder aufstehen.

Räder zermalmen.
Im Himmel erklingt Musik.
Chillen unter Kokospalmen
Oder sterben im totalen Krieg.

Reifen

Wege ins Licht.
Das Leben beginnt neu.
Leid wird zu nichts.
Nie wieder Reue.

Wagnisse auf dem Pfad.
Die Lehre befreit.
Ein neuer Tag
Mit echter Freiheit.

Ein Sutra nach dem anderen
Füllt unseren Geist.
So stoppt das Wandern
Durch die Welt aus Samsaras Leid.

Zwischen meditieren und singen,
Gehen wir betteln.
Wenn die Dinge leer klingen,
Endet das Verzetteln.

Klarheit gewinnt
Und ändert den Blick.
Ein Lebensabschnitt beginnt,
Der glücklich ist.

Immaterielle Schmerzen

Der Dorn des Zorns.
Der Trieb der Gier.
Dinge schmerzen.
Gedanken schmerzen mehr.

Du kannst dir das Bein brechen
Und wirst furchtbar schreien,
Aber dein Bein wird heilen
Und du wieder tanzen.

Wenn aber der Hass
In einem undurchsichtigen Gewand
In dein inneres Land einzieht,
Wirst du nie wieder tanzen.
Der Hass tötet alles Lachen.

Gier brennt in dir
Und sie wird alle Liebe
Am Ende ersticken.

Das Leid der körperlichen Dimension
Reicht nicht an den Schmerz und
Die Sorgen unserer gedanklichen Welt.

Weniger wird mehr

Weniger Hass.
Mehr Liebe.

Mehr Liebe.
Weniger Triebe.

Das zweite Glied entscheidet,
Was das erste Glied sieht.

Am Ende sind es
Acht Schritte bis zum totalen Sieg.

Acht Schritte zum Glück.
Acht Schritte ins Paradies,
Das höher als jedes Glück
Eines Himmels ist.

Weniger Welt.
Mehr Befreiung.

Mehr Befreiung.
Finale Heilung.

Erwachen kannst du immerzu!

Hass, Wut und Zorn

Der Hass treibt
In den Wahn.
Keiner sieht klar,
Wenn der Hass tobt.

Wenn die Wut tobt,
Verroht der Mensch
Innen und außen und
Er droht mit wilden Sprüchen.

Wo Zorn geboren,
Spürt man den Dorn
In der Zwischenmenschlichkeit.
Die Gemeinschaft verdorrt
Unter kaltem Zorn.

Wer einen abstoßend findet,
Zeugt nur von dem Hass,
Der in seinem Unterbewussten schwimmt.
Der Hass lehnt ab.
Die Wut stößt weg.
Der Zorn weist aus.

Die Macht vom Hass
Und von Wut und Zorn
Ist unendlich groß
In einer verblendeten Welt.

Tod

Zuflucht zu den drei Juwelen
Im Leben nehmen.
Zuflucht zu den drei Juwelen
Im Sterben nehmen.
Zuflucht zu den drei Juwelen
Im Tod nehmen.

Der Schutz von Buddha,
Dharma und Sangha ist größer
Als Tod und Geburt.
Denn Buddhas Lehre
Führt ins Todlose
Der Unsterblichkeit Nirvanas.

Buddhas Wahrheit
Strahlt in der Welt der Lebenden.
Buddhas Wahrheit
Strahlt in der Welt des Todes.

Der Dharma umfasst
Leben und Tod.
Wenn du alles gehen lassen musst
Am Ende deines Lebens,
So wirst du doch den wahren Dharma
Mitnehmen können.

Ich im Wir. Wir im Ich.

Wir sind.
Ein Ich manifestiert
In der Gesellschaft.

Ich bin
Nicht ich
Ohne meine Mitmenschen.

Geboren
Als Teil einer Gruppe.
Erzogen
Als Mitglied eines Volkes.
Auserkoren
Unbewusst ihre Werte
Fortzuführen.

Wer glaubt,
Das Ego wäre eigenständig,
Ist ein naiver Narzisst.
Es existiert nur
Im Wechselspiel mit anderen
Egos.

Glückspfade

Kummer und Sorgen
Quälen den Weltling.
Ewig denkt er an Morgen
Und das fehlende Geld.

Frei macht sich der Mönch
Vom weltlichen Gedöns.
Er besitzt seine Robe
Und einen Topf zum Betteln.

Alles, was man braucht
Für dauerhaftes Glück,
Ist der Brauch des Atmens
In der Meditation.

Die Meditation transzendiert
Nicht nur die Welt.
Sie öffnet die Pforten
Zu höheren Welten.

Das weltliche Glück unterliegt
Dem himmlischen Glück millionenfach.
Doch das höchste himmlische Glück
Reicht nicht an Nirvanas Glück heran.

Unwelt

Das Licht der Welt
Strahlt hell,
Aber Buddhas Lehre
Strahlt heller.

Die Macht des Geldes
Scheint grenzenlos,
Aber Buddhas Weisheit
Siegt über die Gier.

Der sexuelle Trieb
Bestimmt das ganze Leben,
Aber Mönche und Nonnen
Wählen das Zölibat.

Die Macht des
Weltlichen Samsaras
War ungebrochen,
Bis Buddha erschien.

Die Leiden Samsaras
Waren unausweichlich,
Erst Buddha lehrte den Pfad
Ins leidfreie Nirvana.

Ich schwöre

Mein Buddha,
Wie oft schwor ich dir,
Ein besserer Mensch zu werden.

Oh Buddha,
Wann mache ich
Meine Schwüre wahr?

Ich schwor und
Glaubte, bald ist es wahr.
Aber die harte Realität lehrte
Mich, wie langsam der Wandel
Vonstattengeht.

Ich schwöre wieder
Im demütigen Kotau.
Ich glaube wieder
An den Wandel auf dem
Achtfachen Pfad.

Ich verfluche die
Versuchungen.
Ich lasse ab vom
Hass.
Ich durchleuchte die
Unwissenheit
Und tue alles für die Silas.

Mein Selbst

Mein Selbst.
Mein Selbst zerfällt
Am Ende jedes Lebens,
Wird wieder auferstehen
Und glauben, dass es
Unabänderlich ist.

Mein Selbst.
Mein Selbst ist ein Feld
Widerstreitender Bedürfnisse.
Was ich heute will,
Will ich morgen nicht mehr.
Was ich heute brauche,
Wird morgen zur Last.

Mein Selbst.
Mein Selbst ist ein Held.
Es glaubt an die Unsterblichkeit
Seiner selbst und will Geld
Schnell bereitgestellt.

Mein Selbst zerfällt
Als unerfüllter Held.
Mein Selbst behält
Die Illusion aufrecht,
Dass es inhärent ist.

Buddhas Paradies

Das höchste Glück,
Dort wo Wunschlosigkeit ist.

Der Sinn der Wünsche
Ist es, das Leben zu verbessern.
Was soll sich jemand wünschen,
Der im Paradies lebt?

Nirvana ist
Wie das Paradies.
Nirvana ist
Wie der höchste Götterhimmel.
Nirvana ist
So viel mehr.

Unsterblichkeit
Erlangst du im Nirvana.
Glückseligkeit
Erlangst du im Nirvana.
Leidensfreiheit
Erlangst du im Nirvana.
Das lehrte der Mann,
Der lebte im Nirvana.
Buddha Shakyamuni war sein Name.

Ursprünge

Frisch aus der Meditation
Kann ich sehen,
Wie meine Gedanken entstehen.

Ich sehe, wie sie sich formen
Und sich in die sozialen Normen
Einordnen.

Ein Gedanke entsteht
Wie in einem Dekret
Immerzu. Ihr Ursprung
Ist unbewusst, außer man meditiert
Und geht wirklich tief.

Du bist, was du denkst.
Aber woher kommt dein Denken?

Denkst du, bevor du denkst,
Dass du denkst, was du denkst?
Wer denkt, dass du denkst,
Was du denkst?

Frisch aus der Meditation
Kann ich sehen,
Wie meine Gedanken entstehen
Und ich folge ihnen, bis sie
In einen anderen Gedanken übergehen.

Selbstschau

Der Finger zeigt zum Mond.
Verwechsel den Finger
Nicht mit dem Mond.
Verwechsel das Erwachen
Nicht mit der Meditation.

Der große Lohn
Der Meditation ist Erkenntnis.
Du siehst, was ist, wie es ist
Und nicht durch geistige Filter
Getrübt und verzerrt.

Zu sehen führt
Zum befreienden Verstehen.
Moralisch zu reden
Und zu handeln sind eine
Untrennbare Einheit.

Lebe und gebe.
Erwecke den Heiligen
In deinem Inneren.

Lebe und fühle mit,
Wie es sich gehört.

Sangha blablabla

Ehrfurcht
Ist eine ehrbare
Furt

Geburt
Ist ein karmisches
Produkt

Mitgefühl
Kann die Wahrheit
Spüren

Buddhas
Lehre ist weises
Futter

Dharma
Reinigt alles
Karma

Auf dem Pfad
Wird all dein Glück
Wahr

Zweieinige Gesichter

Bunte Bilder.
Irre Interessen.
Grenzenlose Gelder.
Die materielle Welt
Ist voller Verführungen.

Wir geben einmal nach
Und leben zehn weitere Leben.
Bei keinem können wir vorhersehen,
Wohin wir springen.

Leid hat einen Preis
Und Leidfreiheit auch.

Zahle und wähle.
Quäle deine Wiedergeburt
Oder erwache in leerer Furt.

Hohe Türme
Aus Glas und Stahl.
Beeindruckende Skyline
Für jeden, der nicht hinter
Den Vorhang der Welt schaut.

Wähle, aber quäle
Weder dich noch das Gesicht
Deiner Wiedergeburt.

Karma

Karma wirkt
Und wir spinnen
Im Hirn.

Karma zerstört
Der Gierigen
Ziele.

Karma heilt
Der Weisen
Leiden.

Karmas Gesetz
Wirkt jetzt
Und es formt das Morgen.

Karma bedingt
Und es erklingt
Bis zum Erwachen.

Karma ist
Dein Gesicht
Im nächsten Lebenslicht.

Dramatisch

Das Drama des Karmas
Mancher Leute.
Die Wahrheit des Pfades
Bringt reiche Beute.

Das Leben eines Buddhas
Ist wunderbar.
Für seine Wunder
Bin ich dankbar.

Das Dasein in Samsara
Ist voller Leid.
Es ist unsagbar,
Wie viele ersaufen.

Wir sind geboren
In dieser Welt.
Wir sind verloren
Ohne ihr Geld.

Aber ein Ausweg ist da
Für jeden, der will.
Nirwana ist wahr,
Um das Glück zu erfüllen.

karmisch frei

Samsaras Sog
Ist unendlich groß.
Als selbstgemachtes Ich
Konstituiert es sich.

Die Gier deines Selbst
Verliert sich in der Welt
Mit ihren vielen Egos
Und lohnlosen Versuchungen.

Der Hass deines Herzens
Führt zu Schmerzen,
Die dich erfassen und
So schnell nicht loslassen.

Die Ignoranz in dir
Ist ein Spiegelbild.
In dieser Welt und der nächsten
Wird sie dich in Abgründe führen.

Lass los vom karmischen Ich
Und der Idee der Ewigkeit.
Es gibt Glück für dich
Und die Liebe umarmt dich,
Wenn du frei von Karma bist.

Sein

Wir sind,
Was wir sind.
Aber was sind wir?

Wir sind der Strom
Des Gewordenen.
Wir sind das Entstehen
In Abhängigkeit.
Wir sind die Leere
Der Buddha Ehre.

Wir sind das Produkt
Vorgeburtlichen Karmas
Und augenblicklicher Entscheidungen.

Wir sind und
Wir sind nicht.
Zwischen Sein und Nicht-Sein
Gibt es eine Wahrheit,
Die älter, tiefer und größer ist
Als das ganze Universum.

Wir sind hier und jetzt.

Was war gestern und
Was wird morgen sein?
Buddha sagt, nutze und achte
Das Hier und Jetzt.
Das ist alles. Das ist der Weg.

Buddhas Beute

Achtsam
Als das Wahre
Des Pfades.

Winkel
In den Spitzen
Der Texte.

Kratzen
Mit den Tatzen
Der Erwachten.

Geheimnisvoll,
Erneut verzollt
Das spirituelle Gold.

Die Texte
Wollen retten,
Aber nicht verstecken.

Den finalen Moment,
Zu dem alles drängt,
Muss man erkämpfen.

Höchstes Erwachen
Kann klappen
Mit freiem Lachen.

Irrwege

Buddhas Wege
Sind keine Irrwege.
Aber sieh die samsarischen Wesen,
Wie sie in die Irre gehen.

Im Wahn gefangen,
Haben sie einander
Millionenfach aufgehangen.

Vom Hass getrieben,
Mussten Millionen
Ihre kleinen Leben verlieren.

Im Sumpf der Ignoranz
Wählten die Völker den Kampf
Und haben endlose Terrorstaaten
Aus dem Boden gestampft.

Die Irrwege der Welt
Überlebt kein Held.
Aber Buddhas Wege
Werden dir Glück bringen.

Eisern und zäh

Diszipliniert meditieren.
Sich zwingen, sich nicht
Über die Leute aufzuregen.

Anstrengung zur Befreiung.
Der schwere Pfad
Ist achtfach.

Nicht umsonst
Entsteht die Kunst
Der Buddhas und Bodhisattvas.

Ihre Macht entspringt der Kraft
Ausdauernd zu praktizieren
Und niemals aufzugeben.

Disziplin ist ein Vergnügen
Für die wahren Jünger
Des heiligen Nirvana-Verkünders.

Hart aber wahr.
Zäh und lang.
Niemals umkehren auf Buddhas Pfad!

Geduldig

Geduld
Vertilgt die Schuld.
Geduld
Gebiert die Ruhe.

Gegen die Wut
Hilft Geduld.
Denn die Wut
Erliegt der Geduld.

Geduldig warten
Auf das Ende des Hassens.
Geduldig sein,
Wenn wir uns vertragen.

Geduld schmiedet
Wahre Verbundenheit.
Geduld brauchen wir
Bis zur politischen Freiheit.

Geduld rettet
Unsere Welt.
Geduld erlöst uns
Von der Tugendlosigkeit.

Geduldig Dharma lernen
Und sich ein gutes Herz erwerben.

Schlimme Neigungen

Innerer Trieb
Vernichtet Glück,
Bis Weisheit siegt
Und Frieden bringt.

Die innere Stimme
Will mehr und mehr.
Im Weltgewimmel
Führt sie uns ins Leid.

Unbewusster Drang,
Der aus der Tiefe kommt,
Verführt zum Zwang,
Dumme Dinge zu tun.

Wir meditieren
Und gehen in uns rein,
Um zu realisieren,
Wie wir uns befreien.

Was einer begann,
Wurde zu einer Bewegung.
Was er geschafft,
Können wir alle vollbringen.

Warten im Zengarten

Warten
Ist für die Harten.
Wir warten
In langen Schlangen.
Wir warten
Auf den Gräbergarten.

Wie viele warten,
Um zu lernen?

Wie viele warten,
Um geduldig zu werden?

Warten ist eine Chance,
Hat der Buddha gesagt.
Warten ist eine Möglichkeit,
Sich zu befreien.
Warten ist reine Freiheit.

Frei sein im Warten.
Heil werden beim Warten.
Tugend einschleifen beim Warten.
Geduldiger werden durchs Warten.

Samen und Pfade

Karmas Samen
Warten auf allen Pfaden.
Der Narr glaubt,
Es gäbe einen Moment,
Der nicht zählt, aber alles zählt.

Wähle weise,
Auf welche Art und Weise
Du schreiten willst.

Manche Wege
Führen ins Leid.
Manche Wege
Ins Himmelreich.

Karmas Pfad
Scheint unsichtbar
Für weltliche Augen.
Aber wenn sie sich
Ihr Leben anschauen,
Erkennen sie das Karma
Und seine Wahrheit.

Setz dich hin und meditier.
Finde die Harmonie in dir
Und lebe weise und mit Mitgefühl.
Säe Samen heiliger Pfade.

Karmische Wege

Karmische Saat
Ist nicht alles,
Was zählt.

Buddha hat nicht gelehrt,
Wir sind Sklaven des Karmas.
Buddha erklärte,
Dass es Karma gibt
Und wie es wirkt.

Karmische Saat
Wählt den Pfad.
Aber die Schritte auf dem Pfad
Sind selbstgewählt.

Karmisches Los
Ist vorherbestimmt.
Aber der freie Wille klingt
Ungehemmt in Samsaras Welt.

Karmische Glut
Prägt das Blut.
Karmischer Boden
Ist auserkoren, zu erfüllen,
Was vor diesem Leben geschworen.

Krämerseelen

Unsere Welt zerfällt.
Wir werden alt
Und unser Erbe
Ist das Karma einer Wiedergeburt.

Wiedergeburt ist ein Gut
Und es ist eine Idee.
Laut Buddha ist es
Die einzig wahre Realität.

Im Leben nehmen wir,
Was wir einst gegeben.
Was wir nehmen und nicht gegeben,
Werden wir zurückzahlen müssen.

Kleine Kinderaugen
Lernen wieder schauen.
Was sie einst sahen,
Ist karmisch vergraben.

Was du glaubst,
Sagt nichts darüber aus,
Was wirklich ist.
Befreiung ist wirklich möglich.

Pfadvollender

Vollendung
Ohne Wendung.
Pfad,
Der zu Ende gegangen.

Der Pfadvollender
Ist ein Erkenner,
Der die Blender
Alle entlarvt.

Der Glaube des Seins.
Der Glaube des Nichtseins.
Beides entlarvt er
Als bloßen Schein.

Die Realität verändert sich.
Aber wie viel Realität hat etwas,
Das sich stetig verändert?

Pfadvollender.
Unabänderlich befreit
Und Buddha-Reiche
Aus Kristall und Lapislazuli.

Ein Seufzer in der stillen Nacht
Als ich erkannte, wie grenzenlos die Macht
Der Erwachten.

Pfad der Befreiung vom Leid

Leiden
Heilt nicht von allein
Es braucht eine Therapie
Um das Leiden zu heilen

Buddhas Lehre
Ist eine religiöse Therapie
Und Buddha ist
Ein legendärer Arzt

Buddha heilt
Alles Leid mit seiner Weisheit
Und Buddha befreit
Uns vom Leid

Leiden
Kann heilen
Wir können uns
Vom Leid befreien

Folge Buddhas Pfad
Denn er hat die Kraft
Und besitzt die Macht
Alles Leid zu beenden

Zerfallen

Wir werden das Ende erleben.
Wir werden untergehen.
Wir werden verwehen
Wie der Sand der Sahara.

Wir werden verblühen
Wie die Blumen des Frühlings.
Wir werden fallen
Wie das Blatt im Sturm.

Wir werden austrocknen
Wie das Flussbett im Sommer.
Wir werden versiegen
Wie die alte Heilquelle.

Wir werden verdorren
Wie der alte Stamm.
Wir werden fallen
Wie der Soldat in der Schlacht.

Woran sich klammern,
Wenn alles vergeht?
Woran sich ketten,
Wenn alles verschwindet?
Woran sich binden,
Wenn sich alles auflöst?

Sinnenlos

Buddhas Flucht,
War eine Flucht vor der Sucht
Unheilsamer Sinnlichkeit.

Er floh den Versuchungen
Und dem Betrug,
Den sie in sich trugen.

Er floh der Sonnenwelt
Und tauchte ein in die Welt
Frei von Sinnlichkeit.

Buddha floh
Dem samsarischen Jo-Jo
Aus Aufstieg und Fall.

Buddhas Weg
Führte ihn weit weg
Aus der Sinnenwelt.

Buddhas Lohn
War der Thron
Jenseits des Daseins.

Buddhas Sitz
Ward so zum Licht
Aus der Welt oberhalb
Der Sinnenwelt.

Gesundheit

Gesundheitlich
Vergänglich.
Selbst die längste Lebensverlängerung
Schiebt das Unausweichliche
Nur voraus.

Wir sind vergänglich.
Wir sind sterblich.
Wir sind sterbliche Wesen
Geboren aus Äonen.

Altes Karma, dem Vergänglichkeit
Innewohnt. Innewohnen tut uns nichts,
Denn alles ist vergänglich
Und wandelt sich.
Kein Kern. Kein Zentrum. Keine Inhärenz.

Erblich sterblich.
Erheblich vergänglich.
Ständig wandelnd.
Gesundheitlich fraglich.

Akzeptiere das Unausweichliche.
Tauche ein in den Strom
Zur Befreiung von allem Leiden.

Frühlingsgefühle

Buddhas Lehre
Heilt den Wahn der Triebe,
Die glauben, etwas zu wollen,
Um nachher zu bereuen.

Buddhas Zärtlichkeit
Ist Manjushris Schwert.
Die eine Seite ist scharf,
Die andere sanftes Mitgefühl.

Buddhas Liebkosungen
Sind meine täglichen Losungen.
Sie sind das Signal
Meiner weisen Wahl.

Buddhas Sanftheit
Befreit mich vom Leid.
Geheilt von Sterblichkeit ist,
Wer begreift, was die Skandhas sind.

Buddhas Liebeskunst
Ist der Lehre weiser Mund.
Buddhas heilige Gunst
Erlangt, wer endlos trainiert.

Lehrpfad

Buddhas Weg ist Weisheit.
Dennoch glaube ich an Buddha.
Ich kann nicht verstehen,
Was er versteht. Noch nicht.
Was bleibt mir außer Glaube
Und Vertrauen auf sein Licht.

Wissen und Verstehen heilt
Das große Leid der Welt.
Wie könnten wir Heutigen
Daran zweifeln, wenn wir
Sehen, was die Medizin vollbracht hat?

Weil wir entdeckten und verstanden.
Weil wir analysierten und Zusammenhänge
Sich vor unserem Geist herauskristallisierten,
Konnten wir Heilmittel entwickeln.
Das ist auch der Pfad des Dharma,
Also der Lehrpfad des Buddhas:
Wir entdecken und verstehen.
Wir analysieren und erkennen
Die Zusammenhänge, die zu Leid führen.
Daraus entwickeln wir die Übungen,
Die uns ins Leidfreie führen.
Das ist der ganze Pfad.
Das ist die Wahrheit aus dem Leid.
Das ist der Weg ins Nirvana.

Einfach lernen

Herz ist Trumpf
Im Sumpf Samsaras.
Wer hier nicht die Wahrheit lebt,
Wird Lügen ernten.

Mitgefühl spüren
Und andere berühren.
Wer viel gibt, wird viel
Erreichen, wenn er es braucht.

Weisheit siegt
Durch beständigen Frieden,
Weil sich alle platonisch lieben
Und füreinander interessieren.

Der Pfad des Dharma
Reinigt alles Karma.
Bis Leerheit entsteht und
Man immer das Gute wählt.

Die Lehre des Erwachten
Ist frei von Schatten.
Sie ist das hellste Licht,
Das es in der Welt gibt.

Gären

Helfen
Bis alle Welten
Strahlen

Die Pfade
Der Bodhisattvas
Warten

Sinne
Betrügen und
Verführen

Reinheit
Heilt das Leid
Durch Leerheit

Die Wesen
Sind erlesen
Ohne Inhärenz

Die Saat
Alten Karmas
Bindet die Skandhas

Lehren
Und aufheben
Ewig verwehen

Erwachen
Drei Nachtwachen
Ertappen

Söhne und Töchter

Buddhas Söhne
Sind mehr als alle Throne
Der weltlichen Reiche.

Buddhas Töchter
Verlassen die Dörfer
Und verlieren ihre Wurzeln.

Die Sangha ist der
Ort einer neuen Art Familie,
Die dort geboren.

Öffne dich
Für das Licht Buddhas
In den Augen anderer.

Sei der Morgenstern
Für die von Dunkelheit
Umwanderten.

Sei der Nektar
Für die Durstenden
In der Wüste Samsaras.

Sei das Licht
Für die Blinden und
Lehre den Dharma.

Tierisch befreit

Eine Spinne spinnt.
So spinnt der Geist
Sein Netz aus Gedanken.

Ein Vogel fliegt.
So fliegen die Gefühle
In die endlosen Weiten.

Der Löwe jagt.
So jagen die Schüler des Buddha
Dem Dharma nach.

Das Pferd rennt.
So rennt der Tod
Auf jedes Wesen zu.

Ein Hund bellt.
So ist das Licht Nirvanas
Unbeschreiblich hell.

Der Fisch schwimmt.
So schwimmt der Mensch
Im Ozean des Leidens.

Die Biene summt.
So summten die Buddhas
Das Lied der Befreiung.

Reziprok

Leben
Im Spannungsfeld
Zwischen Nehmen und Geben.

Karma wählt
Für dich den Weg,
Den du wähltest
In einem anderen Leben.

Du nahmst,
Also musst du geben.
Du gabst,
Du wirst reiche Ernte einfahren.

Leben
In gegenseitiger Abhängigkeit.
Freiheit wird frei.
Knechtschaft sperrt sich ein.

Wer frei liebte,
Wird freie Liebe finden.
Wer andere malträtierte,
Wird Folter erleben.

Gib und nimm
Oder nimm und gebe.

Die Atmosphäre der Wiese am Teich

Der ruhige Gang.
Schritt für Schritt
Beim kleinen Teich.

Langsam geht der Atem.
Achtsam senkt sich die Brust
Und achtsam ist jeder Schritt.

Die Nonne läuft vorne weg.
Die Schlange läuft hinterher.
Die Sonne Frankreichs streichelt.

Der Rücktritt aus dem Leben.
Der Fortschritt auf inneren Wegen.
Der Moment im Angesicht der Buddhas.

Ein Schritt enthält
Die grenzenlose Welt,
Aber kein inhärentes Nichts.

Sechzehnfache Leerheit
Lehren die alten Meister.
Vereint wird Theorie und Praxis.

Gewohnheitsmuster

Loslassen
Von der Gewohnheit,
Denn Gewohnheit
Erzeugt viel Leid.

Wir sind gewohnt
Und dieses Gewohnte
Ist, was in uns wohnt
Und das Ich stabilisiert.

Was verlieren wir,
Wenn wir mit Harmonie
Einfach loslassen
Von den gewohnten Sachen?

Leicht gesagt. Schwer getan.
Alles einfach fahren
Zu lassen, ist schwer,
Denn wir hängen dran.

Immer wieder leiden
Wir wegen dem gleichen.
Immer wieder; dabei müssten wir
Nur loslassen vom Gewohnten
Und Befreiung finden.

Super

Kein Zurück
Im Zustand des Glücks
In der Meditation

Keine Wiederkehr
Eine Leere in der Welt
Der Wesen

Keine Dummheit
Treibt zur Verzweiflung
Mit genügend Weisheit

Der Pfad
Macht klar
Was wirklich wahr

Echte Hoffnung
Kommt in Erfüllung
Durch die Befreiung

Das erwachte Leben
Ist zu erstreben
Wer Freiheit will erleben

Sündenfrei

Gefangen in Bildschirmen.
Gebunden an Wasserpfeife
Und Flasche.
Mein Leben ist ein Abfluss.

Billig ist teuer
Im Vergleich zu meinen Werten.
Verfall ist vorprogrammiert,
Aber als der Fall kam,
Tat es mehr weh als erwartet.

Klinik. Entzug.
Die Erkenntnis
Jahrelangen Selbstbetrugs.

Wer rettet die Verzweifelten?
Buddha rettete mich.

Kein Suff. Kein Dope.

Keine One-Night-Stands oder Orgien.
Jedoch glücklicher als je zuvor.
Frei im Herz. Frei im Geist.
Frei vom Leid
Meiner Vergangenheit.

Ein goldenes Gesicht

Sein Gesicht spricht.
Mein Herz ist das Ohr.
Sein Lächeln lenkt.
Mein Herz folgt.

Buddha-Bilder
Hängen an meinen
Vier Wänden.

Buddha Statuen
Stehen beim Grab
Im Garten.

Manchmal dreh ich mich
Und wohin ich auch guck,
Ein Buddha guckt zurück.

Buddhas Gesicht ist mein Licht.
Buddhas Lächeln kann mich retten.
Die goldene Statue schenkt mir Ruhe.

Sein Gesicht leuchtet
In der Nacht der drei Geistesgifte.
Seine Hand formt das Mudra
Und verkündet die Agenda
Der erwachten Wesen.

Lebendige Reden

Das Studium der Texte endet,
Wenn die Buchstaben lebendig
In uns geworden sind.

Die alten Lehren
Werden wieder auferstehen,
Wenn wir sie leben.

Heilige Schriften
Haben keinen Nutzen,
Wenn wir sie nicht nutzen.

Alte Buchstaben
Tragen heilige Gaben
In ihrem Dasein.

Lehre die Lehre,
Aber erst lerne,
Sie zu leben.

Tote Buchstaben zu predigen
Ist der Todesstoß
Für Buddhas Lehre.

Der Mara

Mara verführt
Und entführt.
Das Böse in unseren Herzen
Erzeugt mehr Schmerzen
Als alle äußeren Feinde.

Mara entblößt
Unsere Schwächen
Vor den Gesichtern der Feinde,
Denn er will uns leiden
Sehen und liebt es,
Uns zu quälen.

Mara erzeugt Illusionen,
Die uns verwirren.
Mara erzeugt Träume,
Die uns verängstigen.
Mara legt Ketten
Um unsere Gefühle.

Mara glaubt an Samsara.
Mara ist blind, selbst zu sehen,
Dass der Tag kommen wird,
Wo er für alle seine Taten
Karmisch bezahlen muss.

Meine freie Wahl

Ich wählte Buddha,
Denn ich wählte Frieden.
Der Frieden meines Geistes.
Der Frieden in der Familie.
Der Frieden der Welt.

Mit Buddha siegt
Harmonie und Frieden.
Mit Dharma blüht
Ein friedliches Gemüt.
Mit der Sangha wächst
Der Friedenskontext.

Wählen wir den Dharma
Und fahren wir mit den Fahrzeugen
In eine bessere Welt.
Gehen wir in die Sangha
Und bauen wir Freundschaften auf,
Die Stürme überstehen.

Äußerlicher Tand
Ist kein Pfand für inneres Glück.
Willst du innerlich glücklich sein,
Musst du dich von Gier, Hass und
Ignoranz befreien.

Ich wähle Buddha.
Ich wähle Dharma.
Ich wähle Sangha.

Verführerisch

Blinken. Glitzern.
Die Welt begeistert.
Schöne Frauen. Muskulöse Männer.
Schnelle Autos und viel Geld.
Es gibt nichts zu meckern.
Wir haben genug und
Brauchen nicht zu kleckern.

Alles ist wunderbar.
Also warum sollten wir uns fragen,
Was dieses Nirvana ist?

Samsara ist verführerisch.
Samsara ist wunderschön.
Samsara macht Spaß,
Aber Samsara hat einen Preis.

Der Preis wird fällig,
Wenn du es am wenigsten erwartest.
Du wirst zahlen
Auf die eine oder andere Art.
Du wirst bereuen und leugnen,
All die verführerischen Dinge gewollt
Zu haben. Aber Samsara wird lachen
Und dich dreifach bezahlen lassen.

Der Pfad der Wahren

Der Pfad des Dharma.
Das Leben
Auf erleuchteten Wegen.

Der Strudel Samsaras
Ist ein Drama
Voller Unglück und Missverständnissen.

Die Qual der Wahl
Ist keine Qual.
Wer Einsicht hat,
Für den ist klar,
Es gibt einen Pfad
Aus dem Wahn des Leids
In die Leidfreiheit.

Der Pfad des Dharma ist wahr.

Der Pfad des Dharma ist klar,
Denn Buddha kam und erklärte
Jeden einzelnen Schritt.
Der Pfad des Dharma erwartet
Jede weise Sinnsucherin.

Träumer

Träume ich oder
Wache ich?
Träumt nicht jeder,
Solange er nicht erwacht ist?

Das Diamant-Sutra sagt,
Alles ist wie ein Traum,
Wie ein Trugbild,
Wie eine Seifenblase.

Die Wahrheit ist,
Aber unser Augenlicht
Blickt mit einer eigenen
Realität auf die Dinge.

Wir sind, aber für das
Was wir wirklich sind,
Sind wir blind, solange wir
Nicht erwacht sind.

Erwachen wir,
Um ein Traumleben zu leben.
Erwachen wir,
Um die Wahrheit zu sehen.

endlich

Am Ende wandelt sich
Das schöne Gesicht.
Gestern war sie meine Traumfrau,
Heute hat ihr die Zeit
Die Schönheit geraubt.

Am Ende wandelt sich
Das Licht in Dunkelheit.
Mein Auge verliert alle Kraft
Und kein Objekt schafft
Es mehr, ein Abbild in mir
Zu erzeugen.

Am Ende wartet der Tod.
Die Tragischen in ihrer Not
Sterben tausende Tode,
Ehe der körperliche Tod
Sie endgültig holt.

Am Ende bereuen wir
Die fehlende Harmonie,
Die unsere Zungen streuten
Und uns zu Streit, Zank
Und Hass führten.

Wer nicht bereut in diesem Leben,
Wird die Befleckung mit sich nehmen ...

Ohne Ich

Um zu helfen,
Musst du dein Ego ausschalten.
Wenn dir alle helfen,
Wird dein Ego viel gewinnen.

Das Ego betrügt sich selbst.
Das Ego beraubt sich selbst.
Das Ego nährt seine Feinde selbst
Durch seine egoistischen Handlungen.
Das Ego gräbt selbst die Fallen,
In die es fällt.

Um glücklich zu sein,
Gib deinen Narziss auf.
Wer auch immer greint
Und täglich Tränen weint,
Weint, weil sein Ego
Ihn oder sie leiden lässt.

Aus den Taten des Ichs entspringt
Der Fluss des Leidens.
Buddha bewies, es muss nicht
So sein. Denn er löste sein Ego auf
Und lebte im Weltenlauf
Für fünfundvierzig Jahre ohne Ich.

Ehre und Würde

Ehrenvoll
War der Buddha.
Würdevoll
War der Buddha.

Nicht ging er hektisch,
Also soll die Sangha
Nicht hektisch gehen.

Er ging mit gesammelten Schritten,
Also soll die Sangha
Mit gesammelten Schritten gehen.

Nicht aß er gierig,
Also soll die Sangha
Auch nicht gierig essen.

Er achtete die Umgangsformen,
Also soll die Sangha
Die Umgangsformen achten.

Er war uns ein Vorbild.
Er war unser Leuchtfeuer.
Es war unser Star.

Weise Reue

Reue
Ohne Schläue.
Aber Buddha lehrte Reue
Mit weiser Schläue.

Menschen machen Fehler,
Aber wir sind keine Fehler.
Menschen bauen Mist,
Aber wir sind trotzdem
Wunderbare Wesen.

Ohne Fehler geht es nicht,
Solange wir nicht erleuchtet sind.
Ohne Versagen ist der Pfad
Des Menschseins nicht zu machen.

Wir machen Fehler und verletzen
Menschen, die wir lieben.
Das passiert, weil wir verblendet
Und nicht erleuchtet sind.

Der Weg, damit umzugehen,
Ist weise darauf zu sehen
Und zu bekennen und zu bereuen
Und dann zu schwören,
Es in Zukunft besser zu machen.

Mein Guru!

Mein Guru
Hat kein Voodoo.
Mein Guru
Hat das Wunder des Erwachens.

Mein Guru
Ist kein Pikachu.
Mein Guru
Ist wirklich echt.

Mein Guru
Braucht kein Nunchaku.
Mein Guru
Hat das Schwert der Weisheit.

Mein Guru
Ist anders als Sudoku.
Mein Guru
Ist das Geheimnis der Leerheit.

Mein Guru
Braucht kein Akku.
Mein Guru
Lädt sich im Nirwana auf.

Mein Guru
Ist kein Waterloo.
Mein Guru
Bringt echten Frieden.

Zufrieden und glücklich

Zufriedenheit und Glück
Kriegst du auf dem Weg
Stück für Stück zurück.

Unser natürlicher Zustand
Besteht nicht aus Gier und Hass.
Es ist die erleuchtete Macht.

Wir sind glücklich.
Das ist das wahre Licht
Unserer Menschlichkeit.

Warum sind wir so unzufrieden?
Weil wir uns vom Hass und
Der Gier betrügen ließen.

Warum sind wir so glücklos?
Weil wir nicht auf die Vernunft
Hörten und unruhig handelten.

Gibt es einen Weg zurück
Zum Glück? Es gibt einen Weg.
Es gibt einen Pfad. Woran man ihn erkennt?
Nun, er ist achtfach!

Nur noch Buddha

Buddha. Buddha.
Buddha. Buddha.
Ich brauche kein anderes Wort
Mehr in meinem Kopf.
Ich brauche keine andere Idee
Mehr in meinem Kopf,
Außer der, dass es einen Buddha
Wirklich gab.

Buddha der Erwachte.
Buddha der Erleuchtete.

Buddha der Sieger.
Buddha ließ sein Löwengebrüll
Über der Welt ertönen.

Er saß. Er erwachte. Er siegte
Mit Weisheit und Mitgefühl.
Er lehrte und wurde verehrt
Wie von mir, denn ich ehre Buddha.

Buddha ist mein Wunder.
Buddha ist mein tägliches Futter.
Buddha stillt mit seiner Lehre
Meinen unstillbaren Hunger.
Er gibt mir das, was den Hass
Stoppt und die Gier befriedigt.

Buddha. Buddha.
Buddha. Buddha!

Zerrinnen

Die Liebe formt die Welt
Und der Tod entreißt,
Was ein Leben lang
Zusammengeschweißt.

Wir klammern uns
An etwas, das zwischen unseren
Fingern zerrinnt.

Keine intime Partnerschaft,
Kein Kind, keine Elternschaft
Bleibt für immer. Nur das Scheiden
Scheint ewig zu sein.

Jeder Moment wird im Angesicht
Der Vergänglichkeit zu
Einem kostbaren Geschenk.

Wenn alles vergeht,
Dann müssen wir wertschätzen,
Wer auch immer mit uns geht.
Wenn alles zerrinnt,
Ist jeder Tag mit dem geliebten Kind
Das wahre Paradies,
Das wir ohne Anhaftung genießen.

Bodhisattvas geben

Dein Leben geben
Für ein anderes Leben,
Das ist das Leben
Der Bodhisattva-Wesen.

Sie dienen den Wesen,
Um deren Leben
Mit Glück, Gesundheit und
Frieden zu beleben.

Die Bodhisattva-Wesen
Wählen das Geben
Als Sinn ihres Lebens und
Als tägliche Praxis.

Denn wer den anderen gibt,
Kann nicht verlieren.
Er wird eine Güte entzünden,
Die wie ein Lauffeuer
Um die Welt geht.

Darum geben sie und
Sie nähren den Hunger
Nach Erlösung mit ihren
Heilenden Dharmareden.

Wähle deinen Weg

Das Rad
Der Wiedergeburt.
Die Furt,
Die zum Erwachen führt.

Der Strom
Des samsarischen Leidens.
Der Strom,
Der aus dem Leiden führt.

Ein Stromeingetretener
Lacht und feiert.
Er hat sein Leben erweitert
Um die Sicherheit der Freiheit.

Das Rad der Wiedergeburt
Besteht aus sechsfacher Furt
Und aus einem Pfad,
Der aus dem Rad herausführt.

Zu erwachen
Scheint eine unmögliche Sache.
Deshalb danken wir Buddha,
Da er bewies, das und wie es geht.

Allmacht

Nirvana.
Karma Dharma.
Aus dem Rad Samsaras
Heraus in die Freiheit
Von allem Leid.

Hafte an ihr.
Hafte an dir.
Hafte an der Welt
Und falle tief.

Die Versuchungen rufen
Die Unschuldigen.
Wer ihnen folgt,
Wird es bereuen.

Wir kriegen, was wir geben.
Aber was bekommen die,
Die ein Leben lang nehmen?

Narren leugnen das Gesetz,
Dessen Name Ursache und Wirkung ist.
Narren glauben, sie können
Es austricksen. Keines der teuren
Kruzifixe kann euch vorm Gesetz
Des Karmas schützen.

Hass macht. Gier gebiert.

Leid keimt
Im Weltkleid.

Harmonie siegt
Mit wahrer Liebe.

Dharma üben,
Zerstört die Lügen.

Einfach meditieren.
Den Geist befrieden.

Gier gebiert
Den Krieg.

Hass erfasst
Die Blutlast.

Folge Buddha.
Erlebe Wunder.

Sei Buddhas Kind,
Indem du gewinnst.

Leid vertreibt
Der wahre Dharma.

Unmöglich möglich

Nebel im Geist.
Das Hemmnis des Nichtwissens.
Ewiger Schlund Samsaras.

Unbewusster Drang
Mit der Kraft unsere Bewegungen
Und Gedanken zu steuern.
Wir beteuern eisern, nicht zu wollen
Und dann tun wir es doch.
Das ist das dunkle Loch der Gier.

Das Feuer brennt
Und der Preis sind Jahre
Im Knast, nachdem du den Mann
Eiskalt erschlagen hast.
Das macht der Hass mit uns.

Nichtwissen, Gier und Hass
Erzeugen die Macht,
Die unsere Welt erschaffen hat.
Aber es wäre auch ohne gegangen,
Dann würden wir im Paradies leben.

Sterbende Sinnenwelt

Augen und Ohren
Sehen und hören.
Aber was ist die Sinnlichkeit
Im Vergleich zum Buddhareich?

Alles Sehen endet,
Wenn man Glück hat
Oder es wendet sich
Zu Schmerz und Leid.

Alles hören versiegt,
Wenn man nichts mehr mitkriegt,
Kann das auch heilsam sein,
Denn man lässt keine bösen
Gedanken der Umwelt mehr ein.

Was bleibt, ist vergehen
Allen Sinneserlebens.
Kein Sinn kann überstehen.
Aber es gibt etwas,
Das unsterblich ist und
Der Buddha bewies mit seinem Leben,
Dass Nirvana möglich ist.

Ausschalten

Befreit vom Zwang auf
Einen Bildschirm zu schauen,
Könnte die Welt heilen.

Sie ist krank,
Weil die Gier alles bestimmend
Geworden ist.

Es ist Gier,
Seine Lieblingsserie zu bingen.
Es ist Gier,
Tausend Storys zu schauen.
Es ist Gier,
Die Leiden hervorruft.

Das Gesetz des Karmas
Ist unfehlbar.

Das Wort des Buddhas
War eindeutig und klar.
Die Lehre des Dharmas
Ist wahr.

Wir folgen der Gier
Und schauen TV und streamen
Und swipen auf den Apps Tag und Nacht.
Daraus entwächst die Kraft,
Die Leiden erschafft.

Ich nicht

Ich bin
Eine Illusion.
Ich bin
Der König der Welt.

Ich bin
Frei von Inhärenz.
Ich bin
Der größte Weltstar.

Ich werde
Enden und vergehen.
Ich werde
Die Sterne vom Himmel holen

Ich werde
Mich so sehr verändern,
Dass man mich nicht wiedererkennt.
Ich werde
Den größten Triumph einfahren.

Ich erwache,
Indem ich verwehe.
Ich bin
Der Traummann aller Frauen
Wegen des Nicht-Ichs.

Gierlos glücklich

Gier zieht
Dich ins Unglück.
Sie wirkt schön,
Aber auf den Pfaden der Gier
Wird es hässlich enden.

Die Wende meines Lebens
Erfolgte als ich Buddha fand.
Vorher war ich gefangen
Vom gierigen Streben
Nach Alkohol und nacktem Fleisch.

Mein Geist ist geheilt
Von dem Wahn der Gier
Und dem Glauben mit ihr
Könnte ich Frieden finden.

Dharma ist der wahre Pfad
Auf dem mich Frieden erwartet.
Buddha ist der Beweis,
Dass der Geist völlig frei
Von Gier werden kann.

Buddhas Prediger

Alles geben,
Um Nirvana zu predigen.
Alles sein,
Um Nirvana zu verbreiten.

Mehr als vierzig Jahre
Lebte Buddha auf Erden im Nirvana,
Völlig frei von Leid.
Dieses heilige Sein
Kann jeder von uns verwirklichen!

Es gibt Nirvana
Und es ist wahrer
Als alles Samsara.

Es gibt einen Pfad,
Der dich zu dem Tag
Vollkommener Leidfreiheit führt.

Es gibt ein Leben,
In dem wir leben
Ohne Angst und Sorgen.

Mit jedem Schritt
Nirvana erstreben.
Mit jedem Wort
Nirvana verorten.

Qual. Sarg. Wahl.

Ein Ende des Leidens
Wird die Welt weihen
Und sie in ein Paradies verwandeln.

Leiden kann enden
Und sein Ende kann die Wende
Der Weltgeschichte sein.

Das Ende der Morde
An Mensch und Tier.
Das Ende der Gier.

Buddha lebte
Als befreites Wesen.
Befreit vom Leid.

Wenn einer es schaffte,
Können es alle schaffen.
Was einer vollbrachte,
Kann der ganze Planet vollbringen
Und als Buddhafeld im Kosmos erklingen.

Zu sehr

Zu wenige Menschen
Schließen die Augen
Und bekämpfen
Ihre unheilsamen Gedanken.

Zu viele leben
Nur im Außen,
In einem Leben
Reiner Oberflächlichkeit.

Wie kann man außen
Wahres Glück finden,
Wenn Glück doch
Ein inneres Gefühl ist?

Zu groß sind
Die Gefahren im Außen,
Zu leicht schauen
Unsere Augen das Grauen.

Zu grenzenlos
Sind die Chancen
Auf dem Buddha-Pfad,
Endlich zu erwachen.

Demut

Demut
Tut gut.
Aber die Gierigen
Können nicht demütig sein,
Denn dann müssten sie
Ihren Konsum einstellen.

Demut
Tut gut,
Aber die Hassenden
Können nicht demütig sein,
Denn dann müssten sie
Sich mit ihren Feinden versöhnen.

Demut
Braucht Mut.
Es heißt loszulassen
Vom Gieren und Hassen.

Demut
Besiegt die Wut,
Befriedet Hass und Gier
Und lässt uns die Wahrheit sehen.

Demut
Ist Buddhas
Wunsch.

Der Eine

Ein
Langer
Pfad

Eine
Finale
Nacht

Shakyamuni
Erwachte als
Buddha

Buddha
Hat die Welt
Neu gedacht

Die
Wahre
Erlösung.

Das
Wahre
Nirwana

Ich Koan

Kein Weg
In einen Kreis
Ohne Öffnung.

Zen ist das Zentrum
Des Kreises,
Der keinen Eingang hat.

Der Zenschüler
Steht außerhalb
Und rätselt.

Ein Koan. Zwei Koan.
Eine Million Koan
Lösen sein Ich und dennoch
Passiert nichts, er bleibt
Ein gewöhnliches Wesen.

Der Meister lacht und weiß,
Er sieht den Wald vor lauter Bäumen nicht.
Denn begrenzt ist das Bewusstsein,
Ein Gefängnis für sich selbst.

Der Meister sitzt im Kreis
Und er weiß nicht mehr,
Wie es war, außerhalb zu sein.
Zwar erinnert er sich, aber er weiß,
Es war nur eine Illusion.

Krematorium

Dein Sarg wartet.
Aber der Feind gönnt
Dir erst die Ruhe,
Wenn du dich selbst verfluchst,
Weil du all dein gutes Karma
Mit Gier und Hass zerstört hast.

Endlich und unabwendlich
Sind Leben und Tod.
Kein Wesen wird verschont.
Roh ist die Wende des Endes.
Unvergänglich nicht einmal der Tod.

Stirb kleines Kind und
Du wirst wieder auferstehen.
Wer kann sehen, was der Lauf
Nach dem Lebenslauf bringt?
Es ist ein erwachtes Kind.

Die inneren Kämpfe drängen
Weg vom Menschlichen,
Hin zur neuen Pforte im Schoss
Einer wilden Löwin.
Streife durch die Steppen
Und reiße das Zebra. Labe dich am Blut.
Erzeuge Karma.

Kreiseffekt

Leben um Leben
Sich im Kreis
Des Leidens drehen.

Kein Entkommen
Im Ich. Keine Rettung
In Sicht.

Der Pfad des Dharma
Ist mehr als Rettung:
Er ist Erkenntnis.

Kein Leid reist.
Kein Ich verweilt.
Kein Herz schmerzt.

Frei ist der
Transzendente Bodhisattva
Und alle Buddhas.

Frei vom Leid.
Frei vom Kreis.
Frei vom illusorischen Ich.

Seid nett!

Freundlichkeit
Ist ein Akt
Geistiger Freiheit.

Die Gesellschaft ist rau
Und der Mensch wird rauer,
Weil er der emotionale Sklave
Der Gesellschaft ist.

Deshalb ziehen wir uns
Ins Retreat zurück.
Wir wollen keine Sklaven
Der Gesellschaft mehr sein.
Buddha lehrte uns,
Uns zu befreien.

Wir schütteln die Normen
Der herzlosen Gesellschaft ab.
Wir üben, um morgen
Ein netterer Mensch zu sein.

Toxische Menschen sagen,
Nett sein ist scheiße.
Aber weise Menschen wissen,
Nett zu sein, macht das Leben schön.
Weil es uns an Nettigkeit fehlt,
Ist diese Welt hart und kaltherzig.
Freundlichkeit ist eine Rebellion
Gegen eine kaltherzige Gesellschaft.

Ehrlich üben

Buddha kann uns retten.
Er besaß die Weisheit.
Buddha löst die Ketten
Und führt uns in die Freiheit.

Die Lehre des heiligen Dharma
Ist der Pfad der Erlösung.
Sie reinigt alles Karma
Und beendet die Verirrungen.

Die Augen der Wesen
Flehen unter Tränen.
Der Buddha will ihnen
Ein freies Leben geben.

Wer ehrlich zu sich ist
Und hart an sich arbeitet,
Wird sehen Buddhas Licht,
Wie er es erwartet.

Es gibt den achtfachen Pfad
Und er führt ins Glück.
Er besitzt die höchste Macht
Und ist das schönste Schmuckstück.

Licht am Ende des Tunnels

Wenn Hoffnung alles ist,
Was du hast,
Dann bist du schwach.

Setze besser auf etwas,
Das besser ist
Und Hand und Fuß hat.

Warum hoffen wir?
Wir hoffen, weil wir ängstlich sind
Und kein Licht am Ende
Des Tunnels sehen.

Aber Hoffnung erleuchtet
Die Welt nicht. Hoffnung
Ist nur eine Copingstrategie
Für Verzweifelte.

Verzweifelte hoffen, aber Weise
Folgen den Worten des Weisesten.
Es gab ihn. Er bewies und lehrte,
Wie man das Licht entzündet,
Das Licht ins Dunkle bringt.
Buddha war da. Er war wahr.
Er entzündete eine Kerze in dunkler Nacht.

Ehrenhaft

Ehren will ich
Buddha, Dharma, Sangha.
Im Herz trage ich
Die drei Juwelen.

Mehr gäbe es nicht
Zu wissen in diesem Leben
Und alles anderen will ich
Mit den drei Juwelen verweben.

Ich ehre, wie viele ehrten
Seit Jahrtausenden
Den Buddha, Dharma und Sangha.
Wir sind vereint.

Indem wir Zuflucht nehmen,
Reihen wir uns ein in den Strom,
Der aus dem Leiden in
Eine leidfreie Gesellschaft führt.

Ehren will ich
Die drei Juwelen.
Ehren will ich
Buddha, Dharma, Sangha.

Gehe

Der Weg,
Den du jeden Tag gehst,
Kann heilig oder leidvoll sein.

Übe dich, ohne Gier zu fühlen.
Übe dich, ohne Hass zu denken.

Wenn du die Schritte
Ohne die drei Geistesgifte
Setzt, wirst du heilig sein.

Wenn du loslässt
Von Vorurteilen und Habgier,
Wird sich dein Gehen verbessern.

Der Weg,
Auf dem du jeden Tag gehst,
Führt in die Qual oder den Himmel.

Dein Geist ist,
Der wahrhaft geht,
Denn das Innere ist wahrer
Als alles Äußerliche.

Gedankenwolken

Wir sind Gefangene
Unserer Gedanken
Bis zu dem Tag,
An dem wir uns befreien.

Wie Wolken ziehen
Die Gedankenblasen umher
Und regnen sich
In unserem Geist ab.

Wir sind nicht der Besitzer
Unserer ganzen Gedanken.
Sie entstehen in Ketten
Aus Ursachen und Wirkungen,
Deren Herr wir nicht sind.
>
Gedanken kommen.
Gedanken gehen,
Aber Identifikationen bleiben
Und Identifikationen quälen.

Wer loslässt von dem Glauben,
Allen Gedanken zu vertrauen,
Weil sie glauben, es sind ihre
Und Produkt ihres inhärenten Selbst,
Die können in eine befreite Zukunft schauen.

Karmische Prägungen

Das Karma der Welt erhellt
Das Karma der Individuen.
Was getrennt erscheint,
Ist auf tieferem Grund verbunden.

Karma malt und mahlt.
Karma prägt und wählt.
Du bist frei im Karma
Und du wirst ernten,
Was du wählst.

Hoffnung ist schön.
Aber wer macht
Karmische Befleckung ungeschehen?

Glauben und Vertrauen
Wirken aufbauend, aber wer Karma
Nicht versteht, wird fehlgehen.
Wer Karmas Gesetz fehlinterpretiert,
Wird sein Leben verlieren.
Wer Karma nicht folgt,
Wird Freiheit im Nirwana finden.

Bodhisinn und Bodhizweck

Mit einem Zweck
Handelt der Bodhisattva.
Aus einem Grund
Handelt die Bodhisattva.

Um die Wesen zu retten,
Handelt der Bodhisattva.
Um das Leid zu beenden,
Handelt die Bodhisattva.

Ihr ganzes Streben
Dient dem Wohl der Wesen.
Ihr ganzes leere Wesen
Will Nirvana predigen.

Sie träumen von Freiheit
Als der finalen Instanz
Und setzen ihre Kraft
Für das Gute ein.

Bodhisattvas helfen
In allen karmischen Welten
Und sie leben, um zu dienen
Und zu befrieden.

Bodhisattva-Verse

Die Macht der Ungeduld
Endet in fürchterlicher Wut.
Aber wer geduldig übt,
Erlangt großen Mut.

Die Mittel der Bodhisattvas
Sind ein spiritueller Schatz.
Ihre sechs Tugenden führen
Ans heilsame Ufer.

Wer den Schwur ablegt
Und den Bodhipfad wählt,
Hat ein Leben der Weisheit
Und Güte vor sich.

Geduld ist nur ein Schritt
Des Bodhisattva-Gedichts.
Spenden und geben
Sind ein weiterer Vers.

Vollende die Silas
Mit vollkommener Tatkraft.
Sammle deinen Geist
Und lerne, alle zu befreien.

Loslassen

Loslassen.
Am Ende endet das Hassen.
Am Ende endet der Kampf.
Dein Herz wird frei
Und glücklich sein.

Täglich kämpft unser Geist
Mit sich selbst.
Täglich gewinnen und verlieren
Wir viele Schlachten
In unserem Kopf.

Der innere Kampf
Kann nicht gewonnen werden.
Der innere Kampf
Endet nie.
Der innere Kampf
Beginnt jeden Tag aufs neue.

Wer in sich Frieden findet,
Hat herausgefunden,
Wie man innerlich aufhört,
Sich zu streiten mit den Geistern
Der Vergangenheit.

Loslassen
Vom inneren Hassen.

Wahres Karma

Karma ist
Kein Chamäleon.
Karma ist
Der erarbeitete Lohn.

Das Gesetz der Welt
Ist karmische Furt.
Das Recht der Welt
Ist karmische Geburt.

Sie fragen
Nach dem Karma,
Aber sie wissen schon
Um karmischen Lohn.

Sie wissen, weil sie erleben
Den Pfad, den sie wählten
In diesem Leben oder einem Leben
Vor diesem Leben.

Karma ist
Sehr einfach.
Karma ist
Höchste Wahrheit.

Schmerz

Heilen
Im Körper und Geist.
Geduldig verweilen
Und loslassen.

Die Idee des Schmerzes
Sitzt tief im Fleisch.
Ihr Ursprung ist uralt
Und dennoch ist seine Natur
Anders, als der Mensch denkt.

Schmerz entsteht.
Schmerz vergeht.
Ursachen sind und
Haben Wirkungen.

Akzeptieren,
Was unausweichlich ist,
Ist der beste Weg,
Mit dem Leid umzugehen.

Schmerz zu ertragen,
Ist Teil des Pfades.
Die Ursachen aufzulösen,
Bringt wahre Erlösung.

Ruhe und Frieden

Der Sog Samsaras
Oder die Ruhe Nirvanas?
Es zieht uns an.
Es glitzert. Es funkelt.
Nackte Körper rekeln sich
Und wäre es nur das,
Wäre Samsara meine Wahl.
Aber Samsara ist voller Qual.
Für jeden Genuss bietet sie Verdruss.
Für jede Wonne entsteht eine Mülltonne
Und der Müllberg wächst,
Bis er über dir zusammenfällt.

Die Ruhe Nirvanas
Ist wunschlos.
Sie wirkt fad für den Weltling,
Der an den Dingen gefallen findet.
Aber wer genug gesehen und
Verstanden hat zu sehen, wie alles vergeht.
Der sehnt sich nach Frieden
Und tiefem Glück, das wunschlos ist.

Wir alle wählen und
Müssen mit den Folgen leben.
Wir alle wollen glücklich sein,
Aber das Glück Nirvanas und
Das Glück Samsaras sind nicht gleich.
Sie sind grundverschieden.

Wendeende

Wäre das Ende das Ende,
Wäre das Problem Samsaras egal.
Aber das Ende ist die Wende
Und für manche die Talfahrt.

Wo Tod ist,
Sind Samen.
Wo Samen ausschlagen,
Reifen Wiedergeburtspfade.

Sieh in dein Gesicht.
Das Licht eines zukünftigen Ichs
Sieht anders aus
Als dein heutiges Haus.

Das Ende des Lebens
Ist nur ein Weitergehen.
Wenn das Herz erlischt,
Quellen karmische Samen.

Was karmisch reift,
Formt neuen Leib.
Das weinende Baby blickt
Nach vorn und nicht zurück,
Doch seine Schritte sind geprägt
Vom vorgeburtlichen Weg.

Der Pfad des Karmas

Karmapfade.
Schöne oder böse Tage.
Die Qual der Wahl.
Auf oder ab.

Was Karma ist,
Fragt das Buddhakind.
Unerklärlich für die Verblendeten,
Antwortet Buddha.
Was soll ich dann tun,
Fragt das Buddhakind?
Gutes Tun und weises Mitgefühl leben!

Karmapfade
Füllen die Schale
Des Karmakontos.

Karmawege
Erheben die Gütigen
Und wahrhaft Sinnsuchenden.

Karmastraßen
Sollen ohne hassen
Gegangen werden.

Buddhas Blicke

Sein Blick
Wirkt kritisch.
Sein Blick
Führt mich.

Auf Statuen und Bildern
Schaut mich der Buddha an.
Meist sind seine Augen geschlossen
Und doch schaut er auf die Tiefe
Meines gesamten Wesens.
Er sieht, was sonst keiner sieht
Und lässt mich spüren, was wahr ist.

Sein Blick
Verfolgt mich
In der Nacht und im Sonnenlicht.
Denn er sieht, was in mir
Noch gierig und hasserfüllt ist.

Sein Blick wirkt kritisch.
Sein Blick führt mich.
Seine Lippen lächeln
Und schwächen meine Gier
Und den Hass, der aus Ignoranz entsteht.

Sein Blick
Macht Glück.
Sein Blick
Führt mich ins Paradies.

Komm. Gehen wir ein Stück!

Geh und leb
Mit Lachen und
Tatkräftigem Schaffen.
Vertraue auf Buddha
Und die heiligen Wesen.

Unser Glaube
Macht uns frei und reich
An Sicherheit. Denn Buddha schützt,
Wer allen Wesen nützt.

Unser Vertrauen
In Karma und Dharma
Führt uns auf die Pfade
Wahrer Heilung und Befreiung.

Geh mit mir
Und lass uns die Welt
Heiler machen.
Wir brauchen Frieden.
Wir brauchen Harmonie.
Wir brauchen Mitgefühl
Und wir brauchen Buddhas Weisheit,
Die alles durchdringt.

Geh mit mir.
Ich reich dir meine Hand.
Geh mit mir
In Buddhas Land.

Unstet

Bin ich der,
Der ich war?
Werde ich sein,
Wer ich heute bin?

Wie fest steht,
Was im ewigen Wandel ist?
Welcher Kern ist dort,
Wo alles fließt?

Wandlungen und Fluss.
Kein Genuss bleibt,
Alles endet im Leid
Der Unbeständigkeit.

Bin ich und
Werde ich sein?
Was ist das Geheimnis
Meines wahren Selbst?

Vertraue Buddhas Worten
Und leere deine Seele
Von der Anhaftung
An Form und Klang und den Drang
Nach dem Vergänglichen.

Unsterblich

Dharma dreht sich,
Selbst wenn das Lebenslicht
Erloschen ist.

Alles vergeht und
Doch gibt es das Ungeborene,
Das übersteht.

Säe Samen,
Die das Leben
Überleben.

Geld, Macht und Ruhm
Kannst du nach dem Tod
Nicht mitnehmen.

Dharma und Karma
Sind mehr als alles
Geld der Welt.

Investiere in das Ungeborene,
Leidfreie und Unerschütterliche.
Investiere in Nirvana.

Ohne Anfang und Ende

Das Ende des Lebens
Ist etwas, dass wir alle
Erleben.

Der letzte Atemzug
Ist der letzte Betrug
Der illusorischen Welt.

Buddho löste das Geheimnis
Und negierte seine Geburt.
Er war ein karmischer Strom
Aus vielen Billiarden Leben.

Geburt ist eine Illusion
Und genauso ist es der Tod,
Zumindest dort wo man glaubt,
Dass es ein abgetrenntes Wesen gibt.

Es gibt einen anfangslosen Strom,
Der durch Samsara fließt.
Weder ist eins noch viele.
Weder entsteht, noch vergeht er.

Das Ende des Lebens
Ist etwas, das wir alle
Oft erleben.

Kniend

Auf Knien bete ich zum Buddha.
Bettelnd flehe ich den Buddha an.

Er, der Herr der Weisheit.
Er, der Sieger über Maras Heer.
Er, der das Löwengebrüll
Erklingen ließ.
Er, der den Pfad vollendete.

Auf Knien bete ich zum Buddha.
Bettelnd flehe ich den Buddha an.

Möge uns der Herr ein Licht sein.
Möge uns der Herr durch
Die Dunkelheit führen.
Möge uns der Herr Weisheit schenken.
Möge uns der Heer das Geheimnis
Des Friedens erklären.

Auf Knien bete ich zum Buddha.
Bettelnd schwöre ich dem Buddha,
Sein Bodhisattva zu werden.

Silas

Was Buddha ist,
Frage nicht,
Ehe du weise genug bist.
Lebe einfach die Silas
Mit ganzem Herzen und
Erlebe, wie viele Schmerzen verschwinden.

Ob Buddha ist, war
Oder sein wird,
Fragen die Narren,
Die die Struktur der Existenz
Nie voll verstanden haben.

Folge Buddha
Als gläubiger Schüler.
Als gläubige Schülerin
Werde eine Meisterin der Silas.

Ethik. Fairness. Gerechtigkeit.
Reichen, um das Volk zu heilen.
Sie reichen, um die Welt zu retten.
Sie reichen, um die Fesseln
Aus Gier und Hass zu sprengen.

Die Früchte des Karmas

Die Früchte des Lebens
Wird ein scheinbar anderer erben.
Der Lauf der Zeit
Weist über den Tod hinaus.

Die Liebe zu dir selbst erhellt,
Wenn sie anderen nützt.
Das Leben zu nehmen,
Erzeugt Leid in allen Leben.

Der Verdienst der Tat,
Die auf Verrat gegründet war.
Der Lohn des gütigen Mitgefühls
Ist rührend schön.

Wer wissen will, wer er wird,
Muss nur schauen, wie er war.
Die Frucht der vier Pfade
Ist die höchste Gnade.

Wir erben und ernten.
Wir werden in einem karmischen Strom.
Der Lohn und die Frucht
Schwanken zwischen Leid und Genuss.

langsam oder schnell

Schnell
Ist die Welt
Langsam
Die Meditation

Äußerer Ruhm
Bringt dir deine Karriere
Innere Befreiung
Ist Buddhas Pfad

Harte
Worte verletzen
Sanfte
Klänge beherzen

Der Lohn
Der Welt ist unbeständig
Nirvana
Ist leer von Leid

Suche außen
Und verliere dich
Finde dich innen
Und lebe frei

Freier Geist

Die Freiheit des Geistes
Sprengt Ketten und
Überwindet alle Mauern.
Niemand kann die wahre Natur
Unseres Geistes in Ketten legen
Außer uns selbst.

Gier ist die Fessel.
Hass das Gefängnis.

Wir haben uns selbst eingesperrt
In einem Hochsicherheitsknast.
Die Mauern sind dick und
Die Gitterstäbe unzerstörbar.
Aber wir allein waren der Baumeister
Dieses ausbruchssicheren Gefängnisses.

Unsere Augen sind gebunden
An Formen und Farben.
Besonders begehrte Sexualpartner
Fesseln unseren Blick
Und geben uns nicht frei.

Der Geist kann sich befreien
Und abschütteln alles Leid,
Das aus Hass und Gier entstanden.

Hauslos

Endlich frei
Von Sorg und Qual.
Endlich frei
Von Elend und Mühsal.

Der Mönch
Gibt das Haus auf.
Die Nonne
Verlässt das weltliche Leben.

Wer keinen Besitz
Mehr hat, hat keine Sorgen,
Etwas zu verlieren oder
Zu wenig zu kriegen.

Ohne Besitz ist der Mönch.
Ohne Haar wandelt die Nonne.
Besitzlos und heimatlos.
Aber sie ist glücklich.

Wer alles aufgegeben,
Findet einen neuen Weg.
Er findet eine neue Welt,
Die reicher ist, als alles,
Was er sich bisher vorgestellt.

Eine Ritze in der Wirklichkeit

Gefangen im Schlund
Und verdammt ungesund
Zu leben. Samsara zwingt mich
Und verdeckt das Licht
Von Buddhas Lehre.

Doch als ein Moment blitzte,
Konnte ich durch die Ritze
Die Wahrheit sehen und seitdem
Ist mein Leben anders.

Als ich sah, was war und ist
Und erkannte, wie die Welt ist
Und nicht wie sie erscheint,
Da ließ ich mich ein
Auf Buddhas acht Schritte.

Ich sah die Wahrheit.
Ich spürte die höchste Freiheit,
Auch wenn es nur kurz war.
Aber jetzt weiß ich, es ist möglich.
Ich kann dem Kreislauf des Leidens
Entfliehen und muss nie zurückkehren.
Die Wahrheit heilt alles Leid.

Die Mehrheitsgesellschaft

Mein Buddha.
Meine Hoffnung.
Mein Lehrer.
Mein Wegweiser.

Die meisten normalen Bürger glauben, ihr Weg wird schon ein guter Weg sein, solange er nur dem Weg der Mehrheit entspricht! Doch welcher Narr kann das glauben, wenn das Klima der Erde wegen des Konsums der Massen kollabiert, Korruption allgegenwärtig ist und Kriege die Welt erschüttern?
Wer glaubt, mit dem Strom der Welt zu schwimmen, macht eine zu einer guten Bürgerin. Die versteht nicht, was auf der Welt vor sich geht. Jeder Frau, die das glaubt, fehlt es an Intelligenz und Weisheit.
Die Mehrheitsgesellschaft der Menschheit erschafft das Leid. Sie ist zur Macht geworden, die derzeit die Tiere und immer mehr auch die Menschheit in einen trostlosen Abgrund reißt.
Die Mehrheitsgesellschaft handelt nicht weise. Sie zerstört die Grundlage ihres Lebens, sägt den Ast ab, auf dem wir alle sitzen, sie erstickt die Chance auf eine bessere Welt und es fehlt ihr an Güte und Mitgefühl.

Buddha lehrte,
Wie wir alle glücklich werden.

Schritt für Schritt

Buddhas Macht
Ist Weisheit

Buddhas Weisheit
Besteht aus Wahrheit

Buddhas Wahrheit
Befreit vom Leid

Buddhas Leidfreiheit
Heißt Nirvana

Buddhas Nirvana
War der Beweis

Buddhas Beweis
Zeigte ein Leben ohne Leid

Buddhas Leben ohne Leid
War Freiheit

Buddhas Freiheit
War frei von Karma

Frei von Karma
Wandeln wir als Buddhas
Auf der Erde

Nachglimmen

Verwehen.
Nie wieder auferstsehen.
Keine weitere Lebensrunde
Drehen müssen.

Buddha verlosch
Nach Millionen Leben.
Buddha verlosch
Nach Millionen Toden.

Buddhas Weg
Endet unendlich.
Weder ist, noch ist nicht
Ein Erwachter.

Die Augen sehen.
Höchste Wahrheit ist unsichtbar.
Die Worte umranden,
Aber Nirvana ist randlos.

Verweht in Leere.
Fern des Weltenmeeres.
Ohne kommen, ohne gehen,
Ohne Geburt, ohne Tod.
Weder ist, noch ist nicht,
Noch ist etwas verschieden davon.

Der Lehrende

Buddhas Kummer verlosch,
Aber der Kummer seiner Jünger
Ist nicht verloschen.

Er lehrte
Mit Gleichnissen
Und Ehre.

Er erklärte
Mit Sinn, Verstand
Und Mitgefühl.

Er präsentierte
Die Wahrheit
Sehr geschickt.

Er gab
Uns Weisheit
Mit Liebe.

Er führt
Unsern Geist
Aus dem Leid.

Er löste
Alle Rätsel
Der Weisheit.

Der heilige Mann

Ein Mann
Ist erwacht
In dreifacher Nacht.

Ihm gehört mein Herz.
Seine Lehre mein Streben.
Seine Gemeinschaft lehrt wahren Wert.

Ein Mann
In einem fernen Land
Lernte den wahren Pfad.

Ich danke Buddha
Für das große Wunder
Des heiligen Dharma.

Ein Mann fand das,
Was die Macht hat,
Das Leid zu beenden.

Ein Mann hat gelächelt
Und lebte nur vom Betteln,
Nachdem er alle Fesseln Samsaras sprengte.

Leere Felsen

Lass los
Von aller Form.
Lass los
Von der Sinnlichkeit.

Eine höhere Welt
Lehrte der Guru.
Ein höheres Bewusstsein
Verkündete der Guru.

Die Sinne verführen,
Aber du willst fühlen.
Die Sinne versprühen
Den Duft der Gier.

Eine Tür im Herzen
Befreit von Schmerzen.
Der Weg des Herzens
Wählt höhere Werte.

Gib auf
Und träume.
Gib auf
Das Leid.

Leerer

Leer
Vom Leid.
Leer
Von Gier.

Depressive sagen,
Sie fühlen sich leer,
Aber wären sie leer,
Wie könnten depressive Gedanken
In ihnen entstehen?

Leer sein,
Heißt frei sein.
Frei sein
Vom Leid.

Buddhas lachen frei,
Denn sie sind leer
Und frei von Leid.

Leer werden
Und sich erden
In den Reichen
Der edlen Weisen.

Sich leeren,
Um zu lehren,
Wie es geht,
Das Leid aufzulösen.

Lächelnd warten

Warten tun die Harten
Mit wütenden Worten
Und dann fallen sie,
Wenn die Wut zu
Ihrem Wesen wird.

Der Buddha lehrte
Und erklärte die Furten
Auf den Wiedergeburtspfaden.
Der hochverehrte Lehrer
Erklärte uns die Fährten
Des karmischen Werdens.

Niemand muss glauben,
Aber ich habe Vertrauen.
Ich suchte auf der Welt
Nach den klügsten Wesen.
So wurde ich Buddhist
Und ich bin es bis heute
Und ihr lieben Leute hört,
Wie heilsam mich der Dharma führt.

Warten tue ich heute gern
Und übe mich in Geduld,
Die eine Tugend der Bodhisattvas ist,
Die sie zum Nirvana führt.

Unsterbliche

Tod.
Geburt.
Totgeburt.

Karma.
Nirvana.
Karmafreies Nirvana.

Leid.
Heilen.
Heilen vom Leid.

Leben.
Streben.
Leben ist streben.

Samsara.
Leidenskreis.
Der Kreislauf Samsaras.

Tod.
Ungeboren.
Im Leben löste Buddha
Sich von der Wahrheit seiner Geburt
Und wurde unsterblich.

Alltäglicher Buddha

Buddhas Wunder
Gegen Kummer.

Buddhas Worte führen
Zum Frieden.

Buddhas Herz blüht und
Transzendiert den Schmerz.

Buddhas Fußspuren
Kannst du bewundern.

In Buddhas Welt
Gibt es mehr als Geld.

Buddha lächelt und
Samsara schwächelt.

Buddha lehrt uns,
Was Tugenden sind.

Hell und dunkel

Der Geist reist,
Aber er reist anders
Als die Körperlichkeit.

Die Gedanken
Sind wie Wolken.
Keine weltlichen Schranken
Können sie aufhalten.

Der Geist ist mächtig
Und wünscht sich Gerechtigkeit,
Auch wenn er die Realität kennt.

Des Geistes Wesen
Ist der Funke
Allen Lebens.

Das Skandha des Bewusstseins
Birgt heilende Kräfte
Und unfassbare Mächte.

Bewusst zu sein
Durch das Bewusstsein,
Ist die Basis des Geistes.

Vergängliche Verse

Das Herz
Kennt den Wert.
Aber die Angst folgt
Dem Gold.

Was du anfassen kannst,
Hat nie denselben Wert.
Was du berührst,
Ist hoch vergänglich.

Nichts bleibt,
Wie es war.
Ein Blatt im Fluss
Kehrt nie zurück.

Das Wesen der Dinge
Ist ein vergängliches Wesen.
Sieh, was ist und sieh nicht,
Was du denkst, was sein sollte.

Mit klarem Blick
Erkennen, was du bist.
Mit klarem Geist
Reist du durch die Zeit.

tiefe Sitze

Losgelöst
Von Raum und Zeit.
Selbst der Leib
Ist bloße Erscheinung.

Frei von der Welt
Und der Welt der Gedanken.
Keime des Karmas reifen
In sekundenschnelle
Und verblassen ohne Früchte.

Rein schwebt
Das bewusste Sein,
Ehe selbst das sich löst
Und Leere Realität wird.

Losgelöst
Von Karma und Geist.
Rein und befreit,
Zumindest für die Zeit
Der Meditation.

Befreit sein
Und nicht Teil
Der Anhaftung bleiben,
Die Gier und Hass gebiert
Und alle Wesen in Leid verstrickt.

Verstehen leben

Buddha sehen.
Buddha anbeten.
Buddha verstehen.
Nirvana verwirklichen.

Natürlich ist das Verstehen
Das wahre Wesen des Buddhismus.
Sehen und Anbeten tun alle,
Aber das höchste Wesen zu verstehen,
Ist das buddhistische Vorgehen.

Wir erwachen
In vielen Nachtwachen.
Wir ziehen aus, um den anderen
Beim Erwachen zu helfen.

Viele sind das Leid leid.
Viele wollen nicht mehr leiden.
Sie wollen sich von ihrem Leid befreien.
Aber wer lehrt,
Wie man sich vom Leid befreit?
Es ist der Erwachte.
Es ist der Buddha und was er lehrt,
Ist der Buddha-Dharma.

Der große Diebstahl

Wir hassen
Und tun Sachen,
Um anderen zu schaden.

Dann bereuen wir
Und wir scheuen uns,
Dem alten Ich ins Gesicht zu sehen.

Wir stehlen
Geld und das Leben
Unschuldiger Wesen.

Wir nehmen uns alles
Und sehen nicht, wie wir
Damit alles verlieren.

Wir sind blind.
Im Sturm der Gefühle handeln wir
Dümmer als ein Kleinkind.

Wir können erwachen
Wie einst Buddha
In den drei Nachtwachen.

Dreifach falsch

Gier verliert.
Hass zerplatzt.
Irren verwirrt.

Drei Gifte
Zerstückeln das Glück.
Drei Gifte
Fesseln den Geist.
Drei Gifte
Sind die Quelle des Leids.

Einfach achtfach schreiten
Und sich für immer befreien.
Einfach dreifach fliehen
Und nie wieder umkehren.
Einfach ständig meditieren,
Um innerlich rein zu werden.

Wir haben nur drei Hindernisse
Auf dem Weg zum totalen Glück.
Wir haben nur drei Feinde
Auf dem Weg zum totalen Frieden.
Wir haben nur drei Dinge,
Die wir überwinden müssen.

Die Tiefe der Worte

Tantra.
Karma.
Dharma.
Buddha.

Worte mit einer Tiefe,
Tiefer als die Welt.
Worte mit einer Kraft,
Größer als jede Macht.
Worte mit Bedeutung,
Die unübertroffen.

Buddha.
Dharma.
Sangha.

Drei Juwelen sind mehr wert
Als alle Edelsteine der Welt.
Drei Kostbarkeiten heilen
Das komplette Leid.

Buddha.

In nur einem Wort steckt
Die Wahrheit Nirvanas.
Mit nur einem Mann
Der Buddhismus begann.
In nur einer Nacht
Ist er total erwacht.

In dir drin

Mitten in der Stadt.
Zwischen Gier und Hass
Und falschen Lächeln.

Menschen kämpfen
Unsichtbar mit Gedanken,
Um ihr Stück vom Kuchen
Nicht zu verlieren.

Menschen denken
Immer schlechter
Von ihren nächsten,
Denn Konsum entfremdet.

Mitten im Herzen
Zwischen Millionen
Menschen ist es sicher,
Wenn man nur in sich bleibt
Und sich nicht im Strom der Welt verliert.

Zwischen Gier und Hass
Mitten in der Großstadt.
Zwischen innen und außen
Und dem Ausgang aus dem Leid.

Dukkha

Krankheit frisst
Das Lebenslicht.
Der Krebs streut.
Zwar leugnen wir noch.
Aber es ist unausweichlich.

Den Frieden machen
Mit sich selbst und
Sich vergeben für Sachen,
Die schiefgelaufen sind.

Den richtigen Leute sagen,
Dass wir sie lieben
Und sie in unserem Herzen sind.

Kranksein ist unausweichlich.
Sterblich ist unser Leib.
Die Vergänglichkeit greift
Nach allen unseren Gliedern.

Ein letztes Lächeln.
Eine letzte Träne.
Ein letztes: Ich liebe dich.
Der letzte Augenblick.

Leere Fußspuren

Leben ohne Seele.
Leben ohne Selbst.
Leben ohne Ich.
So wandelte Buddha
Und hinterließ leere Fußspuren.

Höher als die Welt.
Höher als Brahma.
Höher als alles Leid.
Buddha war erhaben
Über Nöte und Leid der Welt.

Wahrer als jedes Buch.
Wahrer als jede Wissenschaft.
Wahrer als das Internet.
Buddhas Weisheit durchdrang
Alle Tiefen des Daseins.

Warum warten
Auf einen anderen Tag?
Warum warten
Auf eine bessere Gelegenheit?
Warum warten
Auf eine passendere Zeit?
Buddhas Lehre ist hier und jetzt.

Die wahre Macht auf Erden

Karriere oder Buddha?
Meine Wahl ist eindeutig.
Das eine bringt Geld und Ruhm,
Das andere Erlösung von allem Leid.

Die Welt des Geldes denkt,
Sie wär's.
Die Berufe und Karrieren
Glauben sie, sind alles beherrschend.

Die Aktienmärkte halten sich
Für den Motor der Welt.
In Wahrheit ist eine andere Kraft
Die höchste Macht auf Erden.
Leider besitzen wir davon so wenig,
Deswegen geht's uns so schlecht.
Ihr Name ist übrigens Weisheit.

Hätten wir Weisheit
Würden wir heilen.
Wären wir weiser,
Wären wir vereinter.
Weisheit ist die Macht,
Die Frieden erschafft.
Weisheit ist das Phänomen,
Um glücklich zu leben.

Todesfurt

Tod. Wiedergeburt.
Samsara. Alte
Und neue Furt.

Karma wiegt
Deine Taten
Und Gedanken.

Jedes Wort zählt
In dieser Welt und
Entscheidet über den Weg.

Todesfurt.
Kummer ohne Wunder.
Endspurt.

Einer entkam.
Unter dem Bodhibaum
Wurde es wahr.

Glück verzückt.
Tod nimmt.
Nirvana entrückt.

Frei von den Zwängen

Chaos. Hektik. Stress.
Das ist die Welt.
Egal, wie viel du gibst,
Jemand wird dich kritisieren
Und versuchen, klein zu machen.

Die Jagd nach dem Geld
Ist das Hauptmerkmal der Welt.
Alle wollen es haben und
Manche graben, andere jagen
Und einige gehen über Leichen,
Um finanziell alles zu erreichen.

Sexuelle Gier statt wahre Liebe
Findest du überall in der Welt.
Die Menschen benutzen sich
Und nennen ihren Narzissmus fälschlich
Liebe und Verbundenheit.

Einige sind weise und
Verlassen das Haus.
Sie lernten aus den Erfahrungen
Der kalten, herzlosen und korrupten Welt.
Sie scheren sich das Haupthaar
Und schließen sich der Schar
Der Mönche und Nonnen an.
Denn die Ordinierten kultivieren
Wahre vierfache Liebe jenseits der Triebe.
Sie jagen Weisheit statt Reichheit
Und finden höheres Glück,
Das es im Materialismus nirgends gibt.
Sie sind innerlich ruhig und entspannt
Und nicht mehr Teil des Überlebenskampfes.
Sie haben das Reich der Heiligen betreten
Und nähern sich der nirvanschen Sphäre.

Wunder Buddha

Wunder geschehen.
Buddha hat es gegeben.
Der Dharma ist wahr
Und der achtfache Pfad
Befreit von allem Leid.

Wir sind gesegnet,
Denn wir sind Buddha begegnet.
Wir schwimmen im Glück
Mit Dharmas Meisterstück.

Buddha erwachte in der Nacht.
Er hatte es in drei Wachen gemacht
Und dann vierfach gelehrt,
Wohin der Achtfache führt.

Buddha ist ein Wunder und
Der Verkünder des Wahren.
Buddha ist wie ein schönes Lied
Zum täglichen Spiel.

Buddha brachte uns
Die befreiende Kunde.
Buddha legt Blumen ans Grab
Von deiner vergangenen Geburt.
Buddha ist ein Geschenk,
Für das ich mich versetz.

Den Baum fällen

Buddhas Geburt
Und Buddhas Tod
Wurde zu einer Illusion
Am Tag seines Erwachens.

Weder ist Buddha,
Noch ist Buddha nicht.
Das ist, was die Weisen sagen.
Weder ist der Buddha nicht,
Noch verschieden davon,
Hat Nagarjuna betont.

Als er erwachte,
Löste er sich von Tag und Nacht.
Alle Fesseln der Welt
Hat er mit seiner Axt gefällt.

Ein Tag im See Samsaras
Reicht nicht an den Ozean Nirvanas.
Eine Nacht im samsarischen Haus
Sieht klein aus gegen Nirvanas Palast.

Buddhas Atem ging.
Aber nicht hing ein Quäntchen Karma
An dem Buddha fest und gelöst
Waren seine uralten Skandhas.
Freier als der Wind.
Glücklicher als ein Lottogewinn.
Erhaben über Neid und Leid.
Befreit von Gier und Hass
Im vollkommenen Loslassen.

Dharma studieren

Das Ende der Leidenskette
Ist keine mythische Illusion.
Denn Buddha kam als Retter
Und säte karmischen Lohn.

Sie fragen, was ist gutes Karma?
Buddha kennenzulernen und
Seine Lehre, ist sehr gutes Karma.
Denn mit Dharma erwerben
Wir den Schlüssel zur Freiheit.

Kennst du Buddha,
Hast du gutes Karma.
Studierst du den Dharma,
Ist dein Leben ein Wunder.
Du bist besonders, nicht viele
Haben so viel Glück wie du.

Das Ende all deiner Probleme
Wartet am Ende des Dharmastudiums.
Du wirst dich der großen Prüfung
Stellen und triumphieren,
Wenn du jetzt fleißig studierst.

Sorgen und Angst sind das Gewand
Eines unerleuchteten Geistes.
Du selbst hast es in der Hand,
Ob du dich davon befreist!

Chillen

Alles halb so wild.
Buddha war gechillt.
Er wäre nicht so gechillt,
Wenn es keine Hoffnung gibt.

Entspann dich einfach.
Lass fünf grade sein.
Zeit, sich zu laben
An dem Gefühl des Freiseins.

Wir chillen in Buddhas Rillen.
Die Furt und vierfache Frucht.
Einfach sitzen und nicht
Ständig angestrengt schwitzen.

Wir relaxen in Gänze.
Wir machen uns lang,
Haben einfach nur abgehangen
Und inneren Frieden gefunden.

Mal langsam machen
Und wirklich loslassen.
Einfach nichts tun,
Sich ausruhen und fühlen,
Wie nichts in der Welt einen noch stresst.

Buddhisten

Wir Buddhisten wählen
Nach Buddhas Kriterien.
Wir streben auf den Wegen
Des heilsamen Lebens.

Wir Buddhisten lernen,
Um Weisheit zu erwerben.
Wir träumen von einer Welt,
Die reicher ist als alles Geld.

Wir Buddhisten meditieren,
Um innerlich zu erblühen.
Wir sitzen auf dem Kissen
Und erlangen heiliges Wissen.

Wir Buddhisten geben
Den Hilfe suchenden Wesen.
Wir wollen alle glücklich machen
Mit unseren weltlichen Sachen.

Wir Buddhisten nähren
Uns an Buddhas Lehren.
Wir haben verstanden,
Buddha hatte die Gabe,
Im Nirvana zu erwachen.

Helden Buddhas

Buddhas Welt
Ist voller Helden,
Die auf dem Pfad schreiten,
Um das Leid aufzuhalten.

Buddhas Segen
Gilt allen Wesen,
Aber Buddha lehrt auch,
Dass kein Ritual oder Brauch
Zur Befreiung führt.

Buddha lehrt
Den Wert harter Arbeit.
Nicht lehrt er die Selbstzerstörung.
Sondern Reflexionen als Pfad
Zur samsarischen Befreiung.

Buddhas Strom
Löst karmischen Lohn
Aus guten und schlechten Taten.
Buddha weist
In Nirvanas Reich.

Geduldig übers Land

Kern. Ehren.
Leeres Haus.
Kleine Maus.

Langer Sitz.
Des Kochs Witz.
Stockschlag.

Innere Säule.
Hungrige Gäule.
Wiedergeburt.

Harter Schlag.
Langer Tag.
Nachtmeditation.

Oben ohne.
Haare geschoren.
Raue Robe.

Böse Zungen.
Karmische Brut.
Gebundenes Blut.

Befreiungsschlag.
Erwachte Nacht.
Morgengrauen.